CANTO AL GRITO DEL EMIGRANTE EN VOZ LATINA

CANTO AL GRITO DEL EMIGRANTE EN VOZ LATINA

Homenaje a Miguel de Cervantes Saavedra en poesía a la historia de la lengua española

Sabas Hernan Flores Whittaker

CANTO AL GRITO DEL EMIGRANTE EN VOZ LATINA HOMENAJE A MIGUEL DE CERVANTES SAAVEDRA EN POESÍA A LA HISTORIA DE LA LENGUA ESPAÑOLA

Puede hacer pedidos de libros de iUniverse en librerías o poniéndose en contacto con:

iUniverse
1663 Liberty Drive
Bloomington, IN 47403
www.iuniverse.com
1-800-Authors (1-800-288-4677)

Debido a la naturaleza dinámica de Internet, cualquier dirección web o enlace contenido en este libro puede haber cambiado desde su publicación y puede que ya no sea válido. Las opiniones expresadas en esta obra son exclusivamente del autor y no reflejan necesariamente las opiniones del editor quien, por este medio, renuncia a cualquier responsabilidad sobre ellas.

Las personas que aparecen en las imágenes de archivo proporcionadas por Getty Images son modelos. Este tipo de imágenes se utilizan únicamente con fines ilustrativos. Ciertas imágenes de archivo © Getty Images.

ISBN: 978-1-5320-5122-7 (tapa blanda)
ISBN: 978-1-5320-5121-0 (libro electrónico)

Información sobre impresión disponible en la última página.

Fecha de revisión de iUniverse: 07/27/2018

Muestras de agradecimiento

Primeramente, quiero agradecerle al joven artista y amigo, Sergio Zaldivar, por prestar su talento y su colaboracion con el dibujo, del estatua de Miguel de Cervantes Saavedra, frente a la Universidad de Valladilid. Adjunto a las banderas de España, Estados Unidos y Honduras, en la portada de este libro.

Tambien aprovecho esta oportunidad para extender mi agradecimiento a todas aquellas personas cuales me inspiraron, fortaleciendo asi mi espiritu a seguir adelante y que esta obra podria dar frutos educativos a todos aquellos, especialmente a mis hermanos, latinos e hispanoparlantes, quienes aun viviendo en el extranjero, siguen interesados en el idioma Español y su rica historia. Tambien doy muestras de agradecimiento a todos mis maestros y a mis siete hermanos y los amigos de mi niñes, quienes me obligaron a usar dia tras dia y practicar este idioma, hasta casi perfecccionarlo. Con grato estimulo de apreciacion, extiendo mi mas humilde y sinceridad en las muestras de gratitud, a la comision interacademica de la lengua Española, cual vigila con su ardua labor en el fomento y el enriquesimiento y por el crecimiento de nuestra lengua. Hoy doy gracias a la Real Academia Española y a la asociacion de Academias de la lengua Española y sus diversas centros representativos a nivel mundial.:

Area de España: Real Academia Española, Comision de Informacion Linguistica y Neologismos, de la Real Academia Española

Area de Chile:

Academia Chilena de la Lengua.

Area del Rio de La Plata:

Academia Nacional de Letras del Uruguay, Academia Argentina de Letras, Academia Paraguaya de la Lengua Española.

Area Andina:

Academia Equatoriana de la Lengua, Academia Peruana de la Lengua, Academia Boliviana de Lengua.

Area del Caribe Continental:

Academia Venezolana de la Lengua, Academia Colombiana de la Lengua.

Area de Mexico y Centro America:

Academia Mexicana de la Lengua, Academia Salvadoreña de la Lengua, Academia Guatemalteca de la Lengua, Academia Costarricense de la Lengua, Academia Panamena de la Lengua, Agademia Nicaraguense de la Lengua, Academia Hondureña de la Lengua.

Area de Las Antillas:

Academia Puertorriqueña de la Lengua Española, Academia Dominicana de la Lengua, Academia Cubana de la Lengua.

Area de los Estados Unidos:

Academia Norte Americana de la Lengua Española

Preludio

Canto Al Grito Del Emigrante, es una coleccion de poemas originales en el idioma Español con una tematica historica sobre el origen y los acontecimientos que crearon la fundacion de la lengua y la etnolinguistica Latino-Española. Nuestra meta literia, cual es hoy presentada en esta obra colectiva, es el de intentar introducir la diversa cultura e historia de nuestro languaje y nestros pueblos Latinos. Dicho cual es mas que una simple sucesión de hechos antes no entendidos y firmemente aclarados ante sujetos u individuos no afiliados a las academias linguisticas del mundo. La historia del idioma Español, es sobre todo un rico relato historico colorido, exitante y apasionante, de hecho quizás no antes poseido por ninguna otra lengua en el mundo. *El Canto Al Grito* en realidad es un estudio de su historia cultural, cual toma parte principal dentro del inicio etnogenito entre pueblos que comprendian al que hoy conocemos como España, antes de la llegada de los Romanos.

Canto Al Grito del Emigrante claramente relata lo descubierto entre los diversos grupos que encontramos durante nuestras investigacions. La cual nos indica históricamente, que entre estos se sumanban casi sies docenas de distintos pueblos, cada uno con su propia lengua y culturas individuales. Entre ellos tenemos a los Iberos, Celtas, Lusitanos, Astures, Cántabros, Vascones, Carpetanos, Vetones, Contestanos, Túrdulos, etc. Esto también indica, que de todas estas lenguas, sobre todo del Celta, heredamos palabras como bruja, arroyo, becerro, izquierdo, camisa, carro, cerveza, sapo, perro, gorra, lanza, barro, gordo, pizarra, morcilla y muñeca.

Canto Al Grito Del Emigrante, tambien nos lleva dentro del entendimiento de la época en cual la península de Iberia fuese ampliamente visitada por los Griegos, cuya lengua ya se hablaba ampliamente en las fabricas o factorías, muelles y alrededores portuarios fundados por los Griegos en España, durante los siglos VII al A.C. Es aqui donde España habre sus puertas literarias y podemos ver con mayor entendimiento que los ilustres comerciantes Griegos, contribuyeron con una enorme colecion de palabras al idioma Español. Palabras tales como botica, cítara, cristal, historia, poesía, ángel, diablo, cronología, sismógrafo, cielo y muchas otras mas. Despues llego a la península de Iberia la poderosa influencia Romana, la cual a partir del año 218 a.c. domino por completo la peninsula, cual termina cambiandole el nombre the Iberia, a Hispania. Durante los siglos bajo el dominio imperico Romano, la lengua se expandio con la mescla del idioma Latín, cual se convertiriá en el germen de donde luego nace el Castellano.

El enfoque de nuestro estudio, tambien presta atencion a la historia de la formacion de la monarquia y el imperio Español, la organización y control mundial de la linea Borbon y la manipulacion de la Iglesia Catolica, cual fue abordada y violada por estos. Canto Al Del Grito Emigrante, tambien dedica una historiografia comprensiva de la busqueda del oro y la formacion de una esclavitud cual termino con eliminar casi por completo a los nativos de la region Centro Americana y la introducion de la raza negra como reemplazo maniobral, del cual nace, el criollo, cual luego da vida al mestizaje, e independencia de los paises Latino Americanos.

Nuestro estudio literario tambien dedica postumo homenaje, respeto y honra al historico trabajo creativo y la magnifica contribucion al idioma que nos brindo el padre oficial de la lengua, Don Miguel de Cervantes Saavedra. Y nos dirige con honor, a la intencion de los poetas, cual fuese el de tratar de usar esta rica ortografia linguistica para crear dicha coleccion de poemas en agradecimiento y homenaje a Cervantes Saavedra nuestro antepasado historico como una dedicatoria al padre de nuestro antiguo idioma.

El Emigrante

Pensando en las cosas que atras han quedado
nuestros dias felices; nuestras noches de antaño
la sonrisa y la alegria pendiente de el tejado
mas el recuerdo de aquellos años
en luces de mejores dias a la mar me he lanzado.

Dejando atras tantas alegrias en las notas de aquel dulce pasado
he llegado a estas tierras ajenas enbusca de nuevas aventuras
arrancando desde mis entrañas el recuerdo de mis desventuras

He traido en la mente la esperanza e illusion de una nueva vida
esperando alcansar las añoransas
que dentro de mi mente se anidan

Cuantas noches he llorado en desvelo cuantos recuerdos de infancia
todo por alcansar mis anhelos
horas de notas musicales y dulce remembranzas

Atras quedaron tantas illusiones
mi infancia llena de dulces, e inalcanzables quimeras
los recuerdos de mis grandes pasiones
mi tierra mi escudo y mi bandera.

Pero Dios!!! si Dios… Dios ha puesto en mi camino
una tierra llena de oportunidades
desde donde trazare mi destino
y empesare a conquistar mis ideales!

Esmeralda Whittaker 1986… methodized by Sabas Whittaker © 1991

Historia y Origen de Nuestra Lengua Española

Nuestra intención, es de que quisas despues de estos estudios y argumentos, comprendemos con mayor entendimiento, que el origen de la lengua u etnolinguistica Española, es mas que una simple sucesión de hechos y que sobre todo el idioma Español es como un relato apasionante de hecho quizás que ninguna otra lengua en el mundo posea tan rica y colorida historia.

El estudio de su historia toma parte principal entre el inicio etnogenito ante los varios y muy diversos pueblos que comprendian u habitaban en España antes de la llegada de los Romanos. Entre estas diversidades, se suman casi una docena de distintos pueblos y culturas, cada uno con sus propios habitos y sus propias lenguas. Todas estas poblaciones rodeadas individualmente por dentro y afuera de sus poblados con Iberos, Celtas, Lusitanos, Astures, Cantabros, Vascones, Carpetanos, Vetones, Contestanos, Túrdulos, etc. De todas estas lenguas heredamos una gran cantidad de palabras, cual forman un diverso colorido de arco iris linguistico.

Varios siglos despues llegaron los Griegos a la peninsula de Iberia y durante la época del siglo V, VI, en adelante la península de Iberia fue ampliamente visitada por los Griegos, cuya lengua ya se hablaba ampliamente en las factorías y los alrededors portuarios, fundados por los Griegos en España, entre los siglos VII al a.C. Nuestro estudio nos indica que estos ilustres comerciantes Griegos tambien contribuyeron con una enorme colecion de palabras al idioma Español. Palabras tales como botica, cítara, cristal, historia, poesía, ángel, diablo, cronología, sismógrafo, cielo, etc. Siglos despues llego a Iberia la influencia Romana y a partir del año 218 a.c. estos por dominar completamente la peninsula, terminando ultimamente con cambiarle el nombre a Hispania. Durante los siglos bajo el dominio del imperio Romano, la lengua se expandio y hubieron varias otras mescals terminando ultimamente con el idioma Latín, el cual se convertiriá en germen de fomentacion del cual luego saldría el reconocido idioma castellano.

Sabemos que el Latín que llego a España y fuese ampliamente usado y popularisado, no era el mismo tipo de lengua culta o *'sermo urbanus'* como la que solian usar los escritores y autores poetas, e historiadores. Incluso, la cual se uso ampliamente, mas sin embargo fue el *'sermo rusticus,'* o, el tipo de habla áspera que usaban soldados y los conquistadores. Esta ultima se impuso ampliamente sobre el pais como lengua de uso diario. Nuestros estudios indican que el tipo Latín o Hispania de barrio que se uso al principio también tuvo desde sus principios, e inicios en la influencia de lenguas preromanas, ya que muchos de los que aprendieron a hablar la nueva lengua de Roma aun no habían podido borrar las pronunciaciónes de las huellas de los idiomas indígenas originales del pais. De manera que ni el Español o ninguna de las otras lenguas romanticas no proceden del latín empleado por los cultos supremos artífices del lenguage, sino del *latín de pueblo* o sea que genera de la gente comun y corriente, cual fue ampliamente hablado en las casas, en las calles, en los campos, los talleres, en las prisiones y en los cuarteles. Varios años despues de la influencia Romana sobre España, España sufre un gran tambaleo cuando la capital es completamente saqueada por el rey de los visigodos, Alarico, y a partir del año 410, se señala el comienzo del fin del imperio Romano, el cual luego es abatido por los pueblos de origen germánico. Despues llegaron a España los vándalos, luego llegan los Alanos y despues los Suevos, finalmente, a comienzos del siglo VI, los visigodos, quienes logran ocupar prácticamente toda la peninsula de Iberia. Y es durante esta epoca cuando finalmente logran fijar su primer capital en Toledo, logrando asi tambien romper de una ves por completo las cadenas del imperio Romano.

Los nuevos invasores de pueblos germánicos también aportaron al desarrollo, contribuyendo tambien asi en gran parte al idioma Español. Aunque estas ultimas influencias se ven divididas por dos importantes etapas, las de la guerra y la paz. Durante esta epoca vemos el renacimineto de palabras con voces germánicas relacionadas a las guerras, tales como *guerreras, orgullo, ufano, ganar, robar, espía, heraldo, estribo, botín, tregua y bandido,* etc. En el segundo grupo encontramos palabras relacionadas a la paz, palabras tales como *cofia, falda, atavío, sopa, rueda y aspa, blanco, gris, compañía, etc.* Dichas palabras prestaron uso imprescindible al crecimiento de la lengua porque designaban objetos que no pertenecían a la cultura

Romana. Los germanicos también nos dejaron nombres propios tales como *Alvaro, Fernando, Rodrigo, Rosendo, Ildefonso, Elvira* y muchas mas.

Después de esta etapa vino la caída de los visigodos, cuyo último rey, Rodrigo, fue entonces derrotado por los Arabes en el año 711 y a partir de ese momento, la influencia Arabe marca sus pasos dentro del desarrollo Español. Tras los siguientes siglos, su mayor influencia es marcada no solo en el desarrollo del idioma, sino también dentro de las ciencias, la matemática, medicina, etc. Del cual periodo, cual se emplean cerca de cinco mil vocabulos de origen árabe al idioma Español.

Entre las palabras de origen Arabe se incluyen palabras como, *golosinas almíbar, alcorza, alforja, alfeñique y otras muy significantes come, álgebra, cero, cifra, algoritmo, guarismo, ajedrez, alfil, jaque y mate, alquimia, cenit, nadir, acimut, azogue y alambique, etc.*Tambien se emplean varios nombres de flores nombres tales como *el azahar, alhelí, jazmín, azucena y amapola, etc.* Entre los nombres de frutas de origen Arabismos se encuentra el albaricoque, sandía, limón, naranja, toronja, etc.

Durante la siguiente época los reinos Españoles emprenden batallas con el propósito de reconquistar sus territorios a través de guerras y alianzas en la península Iberiana, el cual poco a poco se fue extendiendo a la hegemonía de Castilla por todo el territorio. Antes de estas batallas conducidas durante dicha época, el castellano no era más que un pequeño dialecto arrinconado en la parte norte de España. Paulatinamente a medida que Castilla y León expandiesen sus dominios políticos, tambien logran expulsar a los árabes; logrando así la extencion del dominio linguistico y la introduccion de la cuña castellana a una especie de Español primitivo. Estos ultimos cambios finalmente dan origen a lo que ahora conocemos como el idioma Español. Y es el castellano, el cual sale al frente, logrando haci expanderse por toda España, logrando prestar su personificación en la conquista de lo que en ese entonces llego a conocerse como el "nuevo mundo" o, América; convirtiendose últimamente en una de las lenguas más importantes, e usadas sobre el globo terraqueo.

Los primeros textos escritos en el idioma Español fueron las glosas de San Millán y de Silos, cuales fueron escritas o registradas como anotaciones al margen de manuscritos, razon por la cual se les llamaron glosas. El manuscrito de San Millán, contiene homilías o sermones de San Agustín y el de Silos, cual es una especie de recitario y penitencias, ambos estaban escritos en latín. Aun hoy dia, de acuerdo a las investigaciones, se estima que fue probablemente un estudiante del idioma Latín quien luego lograría explicar *el glosó* y su significado en algunas partes del texto original y lo más importante, es que esas glosas las escribió en una lengua distinta, parecida al romance. Durante dicha epoca, la cual era entonces conocida como una especie de castellano antiguo. Hoy dia, estas glosas también se conocen como emilianenses, millán, silenses o, silos, que se registran como datos del siglo XII.

Aclaracion del Habla, Ortografia y Escritura del Idioma Español

Centenares de hispanohablantes de todas partes del mundo, se dirigen dia tras dia a la red de la Real Academia Española, o a cualquier otras cuales sean integradas a la Asociacion de Academias de la Lengua Española, exponiendo sus dudas y buscando corregir otras cuestiones ortograficas, lexicas o gramaticales y pidiendo aclaracion sobre ellas. La lengua Española es bastante dificil y se require practicar a diario, para que el escritor, logre comunicarse clara y efectivamente, de manera coherente. Aun siendo muy orgulloso que tu idioma de cuna, sea el Español, pero peor asi, si vives en un pais, donde el español no sea la lengua maestra y te frustras a diario, ya que sientes que se te escapa de las manos, de los labios, de la mente y la memoria, y se tee s aun mas frustrante y desesperado, porque has notado que se las a escapado por completo a tus hijos. Porque hoy ninguno de ellos lla no puede hablar Español y todos en tu casa, hablan solamente Ingles.

La norma en el diccionario academico, define como "conjunto de criterios, linguisticos que regulan el uso considerado recto de hablar el Español." Esta no es un simple acto decidido y arbitrariamente impuesto desde arriba: lo que las Academias hacen, es registrar el consenso de la comunidad de los hispano hablantes y declarar 'norma,' en el sentido de regla, lo que estas han convertido en habito de correccion, siguiendo los modelos de la escritura o del habla, considerados cultos. En sus escritos, el poeta Greco latino, (Quintus Horatius Flaccus,) Quinto Horacio Flaco, nos recuerda que "entre el uso de la lengua,se halla el juicio, el derecho y la norma de hablar." Los hispanohablantes, interesadas en mejorar su escritura, u entendimiento sobre las normas academicas del idioma Español, por lo general, consultaban tres codigos principals, la ortografia, la gramatica y el

5

diccionario. a) La Ortografia, enuncia los principios generals que regulan el uso de las letras y los signos ortograficos, pero naturalmente, no se ocupa de detallar su aplicacion en todo los casos en que puedan plantearse la incertidumbre u alguna duda en particular. b) La Gramatica, actualmente es un proceso de profunda revision y actualizacion, pues su ultima edicion official, data de ya muy lejanos tiempos, cual la estructura y el contenido de nuestra ortografía, las categorias y los conceptos linguisticos y no de los problemas concretos, de tipo morfologico o sintactico que tal o cual palabra puede plantear. c) El Diccionario, en fin por, su condicion de repertorio lexico, oficialmente reconocido, exige la consolidacion en el uso general de las nuevas palabras y acepciones, asi como de las propuestas de adapcion de voces extranjeras, antes de incorporarlas y, cuando lo hace, se limita a registrar sus sentidos.

Hace unas dos decadas atras, cuando antes se echaba de menos el uso diario y la importancia de las computadoras en su implementacion de uso diario, como diccionarios, o la aplicacion de la gramatica y la ortografia. Con el advenimiento de las computadoras portatiles y hoy dia las ilimitadas capacidades de los telefonos celulares, mucho de esto a cambiado. Estos cuales no permiten resolver de forma concreta con exactitud, comodidad, prontitud y de manera eficas, las miles de incertidumbres que traemos consigo al intentar comunicarnos por medio de la escritura. Entre las dudas que a diario asaltan a los hispanoablantes, tras su manejo cotidiano del idioma y donde las Academias, pudiesen al mismo tiempo adelantarse a ofrecer recomendaciones sobre los procesos que actualmente esta experimentando el español, en este precisos momentos, specialmente, en lo que atañe y los convenga a todos y cada uno, es a la adopcion de (palabras nuevas) o neologismos y extranjerismos, para que todo ello ocurra dentro de los moldes propios de nuestra lengua y, sobre todo, de forma unitaria, en todo el ambito hispanico. Dado que a la creacion de estas, se produce a base de modas y necesidades de nuevas denominaciones.

El character panhispanico de este nuevo argumento, viene determinado tanto por su contenido, al igual que por su especificacion y su consideracion de las variantes regionales, como por su intento de querer guiar al hispanohablante o de talves poder conducirlos, a todos aquellos interesdados en el idioma, de poder mejorar en su intento al platicarlo major, dado al nuevo interes y no por su autoria. Tomando en cuenta las normas establecidas con cierto entendimiento, que a la vez algunos linguistas llaman norma, en realizacion, que de ahi se oriente tambien, sobre lo no fijado y formule propuestas, guiadas por la prudencia y el ideal de unidad linguistica. Ello lo convierte en una actualizacion continua. No se dirige a especialistas, sino al publico hispanohablante en general. Por ello, en algunos puntos, se han obviado precisiones terminologicas, que serian insoslayables, en obras dirigidas a lectores especializados.

Como toda institucion humana, la lengua y el habla experimentan cambios en el transcurso de su evolucion historica, de manera que ese conjunto de perfecciones linguisticas convertidas en modelos de buen uso que constituyen la norma no es igual en todas las epocas. Modos mas proximas como los siglos XVIII o XIX, documentados en escritores de calidad y prestigio indiscutible, han desaparecido del español actual o han quedado fuera del uso general culto. Usos condenados, que en el pasado por los preceptistas del momento forman parte hoy con toda naturalidad, del conjunto de habitos expresivos de los hablantes cultos contemporaneos. Pese a la realidad del cambio linguistico, con la que opera hoy en todos nivels (fonico, grafico, morfologo, sintetico y lexico), basa sus juicios y valoraciones en una norma efectivamente vigente al español actual, considerando este como la lengua que emplean las generaciones vivas de habla española.

En ningun caso se ha conformado con repetir juicios heredados de la tradicion normative, sino que, gracias a los nuevos recursos empleados por la tecnologia moderna y su tremendo banco literario y de recursos ilimitados sobre datos, del idioma español, integrado por textos de todas las previas epocas y de todas las areas linguisticas del ambito hispano. Hoy, con facilidad podemos analizar la pervivencia y extencion real de los usos comentados, para ofrecer por tanto, soluciones y recomendaciones fundadas en la realidad linguistica de la presente.

Primero hay que mantener en quenta y darles a todos entender que el español no es identico en todos los lugares donde se habla el idioma. En cada pais, e incluso, en cada zona geografica y culturalmente delimitada, dentro de cada pais, las preferencias linguisticas de sus habitants son distintas en algunos aspectos de las preferencias de los hablantes de otras zonas y paises. Ademas, las divergencias en el uso no se deben unicamente a razones geograficas. Tambien dependen en gran medida del modo de expresion (oral o escrito), de la situacion comunicativa (formal e informal) y del nivel sociocultural de los hablantes. Por su character de lengua supernacional, hablada en mas de veinte paises, el idioma español constituye, en realidad, un conjunto de normas diversas, que comparten, no obstante una amplia base comun; cual se manifiesta en la exprecion culta de nivel formal, extraordinariamente homogenea en todo todo el ambito hispanico con variaciones minimas entre las diferentes zonas, casi siempre de tipo fonico y lexico.

Es por ello la expresion culta formal, la cual constituye al español *standard*, o sea, la lengua que todos empleamos, o aspiramos a emplear, cuando sentimos la nesecidad de expresarnos con correction; la lengua que se enseña en las escuelas; la que con mayor o menor acierto utilizamos, al hablar en public o se emplea en los medios de comunicacion; la lengua de los ensayos y de los libros cientificos y tecnicos. Es en definitiva, que esta se configura la norma, El codigo compartido que hace posible que hispano hablantes de muy distintas procedencias se entiendan sin dificultad y se reconozcan miembros de una misma comunidad linguistica. Notamos tambien la lengua literaria o la del escritor, cual constantes veces tornamos a aludir en ciertas relaciones, dado el cual, la lengua literaria, en primer lugar, porque los escritores gozamos de una faceta creative, y un permiso de creatividad en cual es unico dende se disfruta la mayor margen de libertad, que cualquier otra profecion en el manejo de las letras en el idioma. Concentrados en la busqueda de una mayor expresividad, a menudo se conculcan intencionadamente en convenciones linguisticas de su tiempo. Y en segundo lugar, porque los escritores de ficcion, novelistas y autores teatrales en especial, utilizan los distintos niveles y registros del habla, como uno de los modos de caracterizacion sobre sus personajes; precisamente por ello es posible documentar, en textos escritos, muchos usos que correspondan a la lengua oral y al habla colloquial o populplar.

Debido a esta naturaleza relativa y cambiante de la norma de la lengua española, cual evita conscientemente, en la mayoria de los casos, el uso de los calificativos, correcto o incorrecto, que tienden a ser interpretados de una forma categorica. Son mas las veces en que se emplean expresiones matizadas como se desconseja por des usado. No es normal hoy, y debe evitarse. No es propio del habla culta; esta es la forma mayoritaria y preferible, aunque tambien se usa, etc. como se ve en los juicios y recomendaciones sobre los fenomenos analizados se conjugan, ponderadamente, los criterios de vigencia, de extencion y de frequencia en el uso general culto.por la misma razon, se reconocen, cuando existen, las divergencias entre la norma Española y la norma Americana, o entre la norma misma de un determinado pais o conjunto de paises la que rige en el resto del ambito hispanico, considerado en pie de igualdad y plenamente legitimos los diferentes usos regionals, a condicion de que esten generalizados entre los hablantes cultos de su area y no supongan una rupture del sistema de la lengua que ponga en riesgo su unidad. Solo se desconocen los particularismos dialectales, que pueden impedir la comprension mutua, por ser fuente de posibles malentendidos; nos referimos a los pocos casos en que una estructura linguistica adquiera en una area concreta un valor o significado diferente, e incluso, opuesto al que se tiene en el español general.

Tambien tenemos que tomar en cuenta las variaciones determinadas por el modo de expresion, la situacion comunicativa y el nivel sociocultural de los hablantes. Asi se alude en numerosas ocaciones al tipo o nivel de lengua al que pertenecen los usos comentados, utilizando para ello, distintas etiquetas, la mayoria de significado transparente o facilmente deducible: ejmeplo... *lengua escrita, frente a lengua oral, lengua literaria (que corresponda a la expression escrita de nivel culto), frente a la lengua o hable corriente (la que se emplea en la expression comun u ordinaria); lengua o hable formal, (la propia de usos oficiales o protocolarios y de situaciones en las que el hablante debe de expresarse, con especial correction, frente a lengua o habla informal, colloquial o familiar (la propia de la expresion espontanea y de situaciones en las que existe confianza o familiaridad entre los interlocutores); lengua o hable culta (la propia de los hablantes cultos); frente a lengua a lengua o habla popular o vulgar, o que translucen una deficiencia del conocimiento de las normas linguisticas. (La propia es de las personas de bajo nivel cultural); y lengua o habla rural (la caracteristica de los habitants de las areas rurales).*

Ninguna de estas variantes señaladas es en si misma censurable, pues cada una de ellas sirve al proposito comunicativo dentro de sus limites, sean estos impuestos por la localizacion geografica, la situacion concreta en la que produce la comunicacion o el grupo social al que pertenecen los interlocutores. En consecuencia, nadie debe sentirse señalado o menos apreciado por los juicios expresados dentro de este argumento. No obstante, es necesario saber que un buen manejo del idioma, require el conocimiento de sus variados registros y su educacion acerca de las circunstancias concretas en que se produce el intercambio linguistico, y que en ultima instancia, solo, el dominio del registro culto formal, que constituye la base de la norma y el soporte de la transmission del conocimiento, permite a cada individuo desarrollar todo su potencial en el seno de su comodidad. Por esta sencilla razon, todas las recomendaciones expresadas aqui dentro de este argumento, deben entenderse como referencias al ideal de la maxima correccion que representa el uso culto y formal de la lengua Española.

Gramatica Logica de la Ortografia Española

Investigadores linguisticos recien han tomado nota en la mala ortografía empleada por los periodistas de prensa escrita en radio y television. Tambien se han fijado que muchos escriben sus notas en letras mayúscula, al igual que sus equivocaciones, cuando intentan escribir en mayúscula o minúscula. Muchos despliegan su ignorancia al expresar en voz propia a través de la radio o la televisión, porque no siguen la 'norma,' tampoco tienen quiénes los corrija. Y han concluido que el saber leer, saber escribir y saber hablar correctamente, respetando la gramática deberian de ser requisitos indispensables para todo periodista, como son las normas para maestros y los que se emplean en el uso diario del idioma. Español. Los catedraticos de la lengua Española tambien sospechan que muchos de los periodistas, lectores de noticias y los que redactan para la prensa escrita, siguen haciendo uso del diccionario electronico incluido en las computadoras y aseguran que no es malo, si saben emplearlo. Pero el problema que surge muchas veces es que se confían porque el corrector digital u electronico, no encuentran o no indica los errores ortográficos, pero muchas de las palabras que escriben tienen uno u otro significado, o se convierten en verbos pasivos por la falta del acento.

Verbos Irregulars

No todos los verbos de una lengua son regulares, existen algunos que no se conjugan de acuerdo a ciertos modelos paradigmáticos de regularidad. Notamos que en todas las lenguas, los verbos más commures y los verbos más usados, son los verbos irregulars, en castellano... 'ser, estar, haber, decir, conocer, pensar, etc.' En castellano, al igual que en francés hay tres grupos de verbos... los que terminan en 'ar' primera conjugación, los que terminan en 'er' segunda conjugación y los que terminan en 'ir' tercera conjugación. Cada una de estas conjugaciones tiene su propio modelo. Para la primera podría ser 'amar' como conjugación regular, en la segunda podria ser 'temer' y la tercera podria ser 'partir.'

Segun el 'Esbozo de la Gramática Española,' las irregularidades que se presentan en la conjugación española, con raras excepciones, afecta a la raíz verbal. Ahora veamos algunos verbos con los cuales el hablante tiene algunos problemas de conjugación... 'venir, nevar, hervir, haber.'

Venir: Se oye muy frecuentemente el uso del presente del verbo venir como pasado. Ejemplo, "Venir ayer de Puerto Cortes." La forma correcta sería... "Vinimos ayer de Puerto Cortes." Notamos que el verbo venir es irregular y en el pasado cambia su raíz de 'ven' en 'vin' para el pretérito perfecto simple "yo vine, tu viniste, el vino, nosotros vinimos, vosotros vinisteis, ellos vinieron." Hay que llamar la atención de un hecho lingüístico muy frecuente en nuestro medio que es la 's' de la segunda persona del singular en el pretérito perfecto simple... 'vinistes,' 'trajistes,' 'hicistes,' que no es más que un arcaísmo de los verbos venir, traer, hacer, etc. Notamos entonces que sus formas modernas serían... tú viniste, tú trajiste, tú hiciste, etc.

El verbo impersonal 'nevar,' acaso por el hecho de que no nieva en todas partes del mundo y en Centro America no nieva en ninguna época del año, nos causa dificultad al conjugarlo. Uso incorrecto de este seria "En Connecticut." La manera correcta de emplearlo seria... "En Connecticut nieva en invierno." La irregularidad de nevar es la misma que se emplea en el verbo hervir... "El agua hierve a cien grados centígrados a nivel del mar" y no "herve a cien grados centígrados."

También se oye mucho el "haiga", incluso en sectores supuestamente cultos para el presente del subjuntivo del verbo haber, cuya forma correcta es 'haya' "Es difícil que haya dinero para las reformas que se quieren hacer." La forma correcta seria y no "Es difícil que haiga dinero para las reformas que se quieren hacer."

Según los studios encontrados en Britanica, en el libro anual Britannica dedicado al año 1996 – 97, Book of the Year, habían aproximadamente 328 millones de hispanohablantes, aproximadamente el 5,7% de la población mundial, distribuidos en 21 países y en una área geográfica de 12.207,187 kilómetros cuadrados. Se estima que hoy dia, esa suma se ha multiplicado en millones a nivel mundial... Notando asi que el número de hispanohablantes aumenta anualmente, comparado con los otros idiomas mundiales.

Un Breve Estudio Sobre El Culteranismo Y El Conceptismo.

Los historiadores de la literatura y el arte suelen dividir a la poesía del Siglo de Oro, o Barroco Español, en dos tendencias; culteranismo y conceptismo, entendiendo por culteranismo el uso abundante de palabras cultas y de sintaxis rebuscada. En cuanto nos concentramos a seguir el esquema de las oraciones en el idioma Latín, y por conceptismo el uso de agudezas intelectuales y de asociaciones sorpresivas que hacen caudillo primero a Góngora y a Quevedo en segundo termino.

Dado a la importancia del Quijote para la lengua Española fue sumamente exitosa u extraordinaria. El Quijote, cuya primera parte apareció en 1605, al igual que la Divina Comedia, cumplió con una función bien definida... afianzando asi la lengua al convertirse en un clásico, en fuente casi inagotable de términos y construcciones a la cual se remitían lectores y estudiosos. Pese a que muchos han señalado "sus italianismos, incongruencias e incorrecciones," atraves de los años los académicos aun hoy dia lo llaman, con propiedad, 'espejo del idioma.' Historiadores confirman que el mismo Cervantes dijo en varias ocasiónes, *"yo soy el primero que he novelado en lengua castellana."* En la popularidad del Quijote, influyó el hecho que Cervantes únicamente deseaba decir lo que opinaba y sentía acerca de la vida, del mundo, de la sociedad de su tiempo, del hombre y de los ideales humanos. Sin embargo, en general los contemporáneos de Cervantes no tuvieron ojos para descubrir ese propósito, incluso Lope de Vega leyó el Quijote y no lo entendió, y en 1606 escribió lo siguiente, donde con la palabra 'romí' alude a la lengua romance, el Español: *"y ese tu Don Quijote baladí de culo en culo por el mundo va vendiendo especias y azafrán romí, y al fin en muladares parará."*

La primera gramática auténtica en la lengua Española y no vulgar de nuestra lengua -de hecho, la primera gramática de una lengua vulgar, castellana fue imprimida y dedicada a Isabel la Católica, en 1492 por Elio Antonio de Nebrija. Segun investigadores, la intención de Nebrija al publicar su gramática era para que "las naciones de peregrinas lenguas aprendieran el castellano," más que los hablantes de castellano se enteraran de sus reglas. El mismo Elio Antonio de Nebrija, es tambien a quien se le acredita con ser la primera persona en dar uso a la ortografía en el idioma Español, cuando publico en 1517, luego siguiendole Alejo Vanegas en 1531, Antonio de Torquemada, en 1552 y Juan López Velasco entre otras. Segun su historia linguistica, la ortografía más revolucionaria de toda época, fue sin lugar a dudas, la *'Ortografía Kastellana'* publicada en 1630 por Gonzalo Correas. Segun Correas, fue escrita con el fin de que "la lengua salga de la esklavitud en ke la tienen los ke estudiaron latín." Correas también propuso en su *'Ortografia Kastellana,'* eliminar las letras inútiles como la *h* y las dobles *ll* y *rr*, alegando que esto fuese necesario "para ke eskrivamos komo se pronunzia y pronunziemos komo se eskrive, kon deskanso y fazilidad sonando kada letra un sonido no más."

Aunque poca atencion se la da al autor Nebrija, a quien sin embargo se le deberia de dar el credito por ser el primero en publicar un diccionario en el idioma Español, en 1492. Nebrija, dedica la primera parte de su pulicacion al Latín-Español, tres años después, en 1495 aparece la segunda parte del diccionario en Español-Latín. La función de estas publicaciones con el proposito de facilitar la traduccion del latín al español y el español al latin.

Pasaron casi ciento cincuenta años antes de intentar dar nuevo avance al idioma, hasta que se acerco el año 1612, cuando Sebastian de Covarrubias Orozco, publicara el primer diccionario en Español moderno tittulado, *'Tesoro de la lengua castellana o española,'* cual sirvio de suma importancia. Este fue el primer diccionario moderno en donde se podia encontrar la definición o descripción de cualquier término en lengua Castellana, cual contiene abundantes detalles, con ejemplos descriptivos e información enciclopédica. En ella, notamos que Covarrubias se atuvo fundamentalmente a la lengua castellana hablada en sus tiempos, sin ocuparse mucho con la traducción de las voces al latín, pero prestando mucha atención a la etimología, u origen y evolución de las palabras modernas.

Sefarad, es el nombre Hebreo de España que le dieron los Judeos Españoles y sefarditas o sefaradics es el nombre por el cual se conoce a los judíos Españoles... estos luego fueron expulsados de la península Ibérica en 1492. Los sefardítas despues de su expulcion se establecieron en Turquía, los Balcanes y el Asia menor, y aunque emplearon otros idiomas durante su transcurso, tal parece un caso extraordinario de supervivencia, unido al hecho que nunca se olvidaron del idioma que habían aprendido en España, aunque lamentablemente era ese el mismo pais de donde los hubiesen expulsado.

El Judeo-Español o como le es conocido también, como sefardí o ladino y se conserva mejor que ninguna otra modalidad actual del castellano... dicha lengua aun posee, los rasgos del tiempo de Nebrija y recientemente ha despertado la atención de los linguistas modernos. Aunque este Judeo-Español ha sufrido influencias del árabe, el Español moderno y otras asimilaciones, su fonética y su vocabulario aun resisten lo básico, de manera que suele servir de ejemplo vivo de cómo se hablaba el Español hace 500 años.

Entre los notables cambios que se establecieron con las relaciones linguísticas de España y América, notamos que inicialmente los Españoles intentaron imponer su lengua a la fuerza, pero poco a poco, a medida que los indígenas aprendían el castellano, las voces Americanas se ajustaban, sobre todo aquellas que designaban objetos desconocidos al habla de los conquistadores, los cuales lentamente fueron penetrando al idioma Español. Los mas notables fueron los de forma topónimos u nombres de lugares Españoles se asimilaban en América, en algunos casos unidos a topónimos Americanos. Ejemplo, Santiago de Cuba, San Miguel de Tucumán, San José de Cúcuta, Santiago de Chuco, San Antonio del Táchira, Santiago de Huata, y muchos más. Ironicamente en teoría moderna, notamos que de igual manera como se fragmentó el Latín del imperio Romano, el Español podría seguir diversificándose geográficamente hasta fragmentarse en distintas lenguas 'neoespañolas.' Notamos que actualmente, las distintas modalidades regionales se ha ido afianzando y se habla de la distinxion del Español hablado en Cuba, Colombia, Honduras, Mexico, Puerto Rico o Chile, del que se habla en España. Aunque en la práctica, la tendencia a la fragmentación se limita por una serie de factores, siendo el más importante de ellos la democratización de la cultura; ya que a diario se crece y aumneta el número de personas de habla-hispana quienes tambien aprenden a leer y escribir el idioma.

Homenaje A Miguel de Cervantes Saavedra

Dandole Vida y Significado A La Lengua Española

A Miguel De Cervantes, es a quien orgullosamente le damos el titulo y el honor como padre del idioma Español. Miguel de Cervantes Saavedra, novelista, poeta y dramaturgo Español quien se estima que haya nacido aproximadamente en Septiembre del año 1547 y muerto un 22 de abril del año 1616 en Madrid. Digo se estima y aproximadamente ya que muchos historiadores aun creen que el día exacto de su nacimiento es desconocido y que es probable que naciera mas cerca del 29 de Septiembre, en ves del 22, ya que el 29 es la fecha en que se celebra la fiesta de San Miguel Arcángel y parte de la tradición Española durante esos tiempos seria que Cervantes fuera bautizado y recibiera el nombre santoral de San Miguel. El 23 de Abril es la fecha que se celebra y se conoce popularmente como la de su muerte y es en la cual fue enterrado. Al igual que William Shakesapeare, de el solo tenemos simplemente un retrato mentalmente imaginario, pues no existe ninguna imagen autentificada y al igual que William Shakespare, existen varias pinturas representando rostros cual se cree que podrian ser del mismo artista pintor, tambien existen varias estatuas representando la imagen en vida del autor. Una de las mas famosas estatuas que representan a Cervantes, es la que se encuentra en la plaza de la Universidad de Valladolid. Dado a los mitos, se suele creer que Miguel de Cervantes Saavedra y William Shakespeare fallecieron el mismo día y aunque esto aun se dice en muchas lecturas, sin embargo tal parece ser un dato erróneo. Porque aunque hubiesen muerto en la misma fecha, durante dicha epoca en Gran Bretaña se usaba el calendario juliano, mientras que en España ya se había adoptado el uso del calendario gregoriano los cuales son muy distintos.

Al igual que William Shakespare y la lengua Inglesa, Miguel de Cervantes Saavedra, es considerado como la máxima figura de la literatura Española y conocido universalmente sobre todo por haber escrito El ingenioso hidalgo Don Quijote de la Mancha, que muchos críticos describen como la primera novela moderna y una de las mejores obras de la literatura universal. La reconocida novela se establecio como, cumbre de la literatura en la lengua Española al aparecer su primera parte en 1605 y obtuvo una gran acogida pública. Pronto se tradujo a las principales lenguas Europeas y hoy dia es reconocida como una de las obras con más traducciones del mundo. Razon por la cual se le ha dado el sobrenombre 'Príncipe de los Ingenios.' Miguel de Cervantes fue bautizado en la Alcalá de Henares, España, el 9 de octubre de 1547 en la parroquia de Santa María la Mayor. Investigadores, e historiadores suponen que Miguel de Cervantes nació en Alcalá de Henares... ya que en el acta del bautizo se lee lo siguiente: *Domingo, nueve días del mes de octubre, año del Señor de mill e quinientos e quarenta e siete años, fue baptizado Miguel, hijo de Rodrigo Cervantes e su mujer doña Leonor. Baptizóle el reverendo señor Bartolomé Serrano, cura de Nuestra Señora. Testigos, Baltasar Vázquez, Sacristán, e yo, que le bapticé e firme de mi nombre. Bachiller Serrano.*

Su padre, de ascendencia cordobesa y de antepasados gallegos, se llamaba Rodrigo de Cervantes, se cree que era cirujano, aunque el oficio en ese entonces era más parecido al de practicante de médico o curandero. Cervantes tiene ascendencia conversa por ambas líneas familiares, según los Cervantistas, investigadores, su madre fue Leonor de Cortinas Sánchez, anuque apenas sabemos de ella, sospechamos que fue de origen converso. Sus hermanos casi todos mayores fueron Andrés 1543, Andrea 1544; Luisa 1546, que llegó a ser priora de un convento Carmelita; Rodrigo 1550, también soldado que le acompañó en el cautiverio Argelino; Magdalena 1554 y Juan, sólo conocido porque su padre lo menciona en el testamento. Tambien podemos notar que el apellido 'Saavedra' no aparece en ningúno de los documentos colectados durante la temprana etapa de la vida de Cervantes, notamos que tampoco lo usan sus hermanos.

Se cree entonces que de nacimiento, habría sido nombrado Miguel de Cervantes Cortinas, y notamos que sólo comienza a usar el apellido 'Saavedra' después de regresar del cautiverio Argelino. Aunque se cree que el cambio de nombre no fue por razones personales, si no para posiblemente diferenciarse de un tal Miguel de Cervantes Cortinas quien fuese desterrado de la corte. Hacia 1551, Rodrigo de Cervantes se trasladó con su familia a Valladolid, donde por deudas, estuvo preso varios meses por la cual sus propiedades y bienes fueron embargados. En 1556 se dirigió a Córdoba para recoger la herencia de Juan de Cervantes, abuelo del escritor, e intentar huir de sus acreedores.

Hasta la fecha aun no se encuentran datos precisos de su carrera estudiantil universitaria y si sabemos que existen muy pocos datos acerca de sus primeros estudios; unque se cree sin duda alguna que no llegaron a ser muy avansados. Miguel de Cervantes, parece ser que pudo haber estudiado en Valladolid, Córdoba o Sevilla, donde se cree el ser posible que estudiara en la compañía de jesuitas, ya que su novela *El Coloquio De Los Perros* elabora una descripción detallada de un colegio de jesuitas el cual parece ser durante la etapa de su vida estudiantil. Miguel de Cervantes, se establecio en Madrid en 1566, como autor y es alli donde asiste al estudio de la Villa, regentado por quien en ese entonces fuese catedrático de gramática, Juan López de Hoyos. Tres años despues de su ingreso a la villa, en 1569 el catedratico Regeridor publicara un libro sobre la enfermedad y muerte de la reina Doña Isabel de Valois, quien fuese la tercera esposa de Felipe II. El Regeridor, López de Hoyos incluye en su libro tres poesías de Cervantes, *nuestro caro y amado discípulo*, esas son sus primeras manifestaciones literarias. En los años proximos, Cervantes se aficionó al teatro viendo las representaciones de Lope de Rueda y según declara en la segunda parte de Don Quijote, al parecer por boca del personaje principal, 'se le iban los ojos tras la farándula.'

Un Corto Estudio... Cervantes Viaja A Italia (la batalla de Lepanto)

En las paginas historiales se conserva una providencia de Felipe II con fecha approximada a eso de los años 1569, sobre el atentado y arresto del escritor y es alli donde se manda prender a Miguel de Cervantes, cuando lo acusan de herir en un duelo a Antonio Sigura, maestro de obras. Razon por la cual se cree ser realmente el motivo que le hizo trasladarse a Italia. Según las investigaciones, e historiadores, Cervantes llegó a Roma en Diciembre del mismo año y es durante esa misma epoca donde leyó los poemas caballerescos de Ludovico Ariosto y los Diálogos de amor del judío sefardita León Hebreo *Yehuda Abrabanel*, de inspiración neoplatónica, que influirián e inspirarian sobre su idea del amor. Cervantes se imbuye del estilo y del arte Italiano y se acoje de los gratísimos recuerdos de aquellos estados, que aparece, por ejemplo, en El licenciado vidriera, una de sus Novelas ejemplares, los cuales nos hace sentir cuando revive sus diversas alusiones de sus otras obras.

En los años siguientes entra al servicio de Giulio Acquaviva, quie fuese cardenal en 1570 y a quien, probablemente, conoció en Madrid y a quien le siguió por Palermo, Milán, Florencia, Venecia, Parma y Ferrara. Pronto lo dejará para ocupar la plaza de soldado en la compañía del capitán Diego de Urbina, del tercio de Miguel de Montcada. Se sabe que Cervantes embarcó en la galera *Marquesa*, el 7 de octubre de 1571 y que tambien participó en la batalla de Lepanto, formando parte de la armada Cristiana, cual fue dirigida por don Juan de Austria, hijo del rayo de la Guerra, Carlos V, de felice memoria, y hermanastro del rey. En una información legal elaborada ocho años más tarde decía:

Cuando se reconosció el armada del Turco, en la dicha batalla naval, el dicho Miguel de Cervantes estaba malo y con calentura, y el dicho capitán... y otros muchos amigos suyos le dijeron que, pues estaba enfermo y con calentura, que se estuviese quieto, y se quedo abajo en la cámara de la galera; y el dicho Miguel de Cervantes respondió, "que qué dirían dél, y que no hacía lo que debía, y que más quería morir peleando por Dios y por su rey, que seria preferible el no meterse en su cubierta, y que con su salud." Y peleó como un valiente soldado con los dichos turcos en la dicha batalla en el lugar del esquife, como su capitán lo mandó y le dio orden, con otros soldados. Y acabada la batalla, como el señor don Juan supo y entendió cuán bien lo había hecho y peleado el dicho Miguel de Cervantes, le acrescentó y le dio cuatro ducados más de su paga... De la dicha batalla naval salió herido de dos arcabuzazos en el pecho y en una mano, de que quedó estropeado de la dicha mano.

Se cree que fue en ese entonces despues de la batalla de donde se procede el apodo *el manco de Lepanto*. Su mano izquierda no le fue cortada, sino que se le anquilosó, al perder parte del movimiento de la misma, cuando un trozo de plomo le dañó los nervios de la mano isquierda. Al parecer las heridas no pudiecen haber sido demasiado graves, porque a solo seis meses despues de permanecer en el hospital de Messina, Cervantes reanudó su vida militar en 1572. A fines de ese mismo año, volvio a tomar parte en las expediciones navales de Navarino, Corfú, Bizerta y Túnez, bajo el mando del capitán Manuel Ponce de León, durando hasta 1573. Se cree tambien que en estas lo acompañan el regimiento del famoso Lope de Figueroa, quien mas tarde aparece en las paginas historiales de *El alcalde de Zalamea* de Pedro Calderón de la Barca. Se sabe que durante esos tiempos, Cervantes recorrío por un tiempo las ciudades de Sicilia, Cerdeña, Génova, Lombardía y que permaneció por unos años en Nápoles, hasta 1575.

Cervantes se mostró muy orgulloso de haber luchado en la batalla de Lepanto, por el cual las investigaciones historiadoras creen, e indican que fuese alli concebida para él la inspiracion de escribir el prólogo de la segunda parte de *Don Quijote*, en la cual se lee, *"para mi fue la más alta ocasión que vieron los siglos pasados, los presentes, ni esperan ver los venideros."* Durante su regreso de Nápoles a España venia a bordo de la galera Sol, cuando son interceptados por una flotilla turca comandada por Arnaut Mamí quien los captura y hace presos a Miguel y a su hermano Rodrigo el 26 de septiembre de 1575. Se cree que fueron capturados a la altura de Cadaqués de Rosas o Palamós, en la actual Costa Brava, y llevados a Argel. Casi de imediato,

Cervantes fue apresado y adjudicado como esclavo propio, en pertenencia, al renegado Griego Dali Mamí, una ves hubiesele habido encontrado en su poder, las cartas de recomendación que llevaba de don Juan de Austria y del Duque de Sessa, esto hizo pensar a sus captores que Cervantes era persona de mayor importancia, por quien podrían demandar un alto botin de rescate, demandando quinientos escudos de oro por su libertad. Aun haci duro cinco años de aprisionamiento, aunque Cervantes era un hombre con un fuerte espíritu y motivación, trató de escapar en cuatro ocasiones pero de nuevo fue capturado y para evitar represalias contra sus compañeros de cautiverio, siempre se hizo responsable de todo ante sus enemigos. Prefirió la tortura a la delación. De esto se sabe por la información oficial encontrada en el libro de fray Diego de Haedo *Topografía e historia general de Argel de* 1612, por la cual ahora tenemos redaccion acerca de la posesión de noticias importantes sobre el cautiverio. Tambien Cervantes hiso uso de tales notas cuando complementa con sus comedias en *Los tratos de Argel*; *Los baños de Argel* y el relato de la historia del Cautivo, que se incluye en la Primera parte de Don Quijote, entre los capítulos 39 y 41.

Sin embargo, desde hace tiempo se sabe que la obra publicada por Haedo no era suya, algo que él mismo mas tarde reconoce y que su autor fue Antonio de Sosa, benedictino compañero de cautiverio de Cervantes y dialoguista de la misma obra. Tambien otros proponen que la obra tampoco es de Sosa, quien no era escritor, sino que pertenecia a las notas del escritor cautivo en Argel, con cuyos escritos la obra de Haedo muestra extensas semejanzas. Sin duda alguna, la obra parece ser una confirmación independiente de la conducta cervantina en Argel por los escritos del mismo Cervantes, que ensalza su mismo heroísmo. En ella nos cuenta que su primer intento de fuga fracasó, porque según sus escrituras el moro que tenía que conducir a Cervantes y a sus compañeros a Orán, los abandonó en la primera jornada. Los presos tuvieron que regresar a Argel, donde fueron encadenados y vigilados más de cerca y aun mejor que antes. Mientras tanto, la madre de Cervantes había conseguido reunir cierta cantidad de ducados, con la esperanza de poder rescatar a sus dos hijos. En 1577, se concertaron los tratos pero la cantidad no era suficiente para rescatar a los dos y Miguel prefirió que fuera puesto en libertad su hermano Rodrigo, quien de imediato regresó a España. Rodrigo llevaba un plan elaborado por su hermano para liberarlo a él y a sus otros 20 compañeros. Cervantes se reunió con los otros presos en una cueva oculta, en espera de una galera Española que vendría a recogerlos.

La galera, efectivamente, llegó e intentó acercarse varias veces a la playa; pero, finalmente, fue apresada. Cervantes y demás Cristianos, quienes aun permanecían escondidos en la cueva casi de imediato fueron descubiertos, debido a la delación de un cómplice traidor, apodado *el Dorador*. Cervantes se declaró como único responsable de organizar la evasión e inducir a sus compañeros. El rey de Argel, Azán Bajá, lo encadena y lo enceirra en su presidio donde permanence durante cinco meses. En el tercer intento, Cervantes nos indica sus intenciones eran de llegar por tierra hasta Orán y que de alli enviaria a un moro fiel con cartas para Martín de Córdoba, general de aquella plaza, explicándole sus planes y pidiéndole guías. Pero el mensajero fue capturado y las cartas descubiertas.

En ellas nos demuestra que fuera el propio Miguel de Cervantes quien lo había tramado todo y fue condenado a recibir dos mil palos, sentencia que no se realizó porque los demas compañeros intercedieron por él. Su último intento de escapar se produjo gracias a una importante suma de dinero que le entregó un mercader valenciano quien pasaba por Argel. Con el dinero, Cervantes se compro una fragata con capazidad de transportar a setenta cautivos cristianos y cuando estaban a punto de escapar uno de estos cautivos, el ex dominico, Juan Blanco de Paz, le reveló el plan a Azán Bajá. Y este como recompensa por la delatacion le dio al traidor un escudo y una jarra de manteca. En ese entonces que Azán Bajá decidio trasladar a Cervantes a una prisión más segura, en su mismo palacio y decidiendo después llevarlo a Constantinopla, donde su fuga resultaría a ser imposible de realizar. De nuevo, los textos nos dicen que Cervantes asumió toda responsabilidad. A poco mas de tres años, en mayo de 1580, llegaron a Argel los padres Trinitarios esa orden se encargaria con tratar de liberar a los cautivos, en atento que incluso se cambiaban por ellos a fray Antonio de la Bella y fray Juan Gil. Fray Antonio partió con una expedición de rescatados. Fray Juan Gil, quien ultimamente disponía únicamente de trescientos escudos, en vano trató de rescatar a Cervantes, por el cual se exigían quinientos. Despues el dedicado fraile se ocupó de recolectar dinero entre los mercaderes cristianos para completar la cantidad que faltaba. Con suerte los reunió cuando Cervantes ya estaba a bordo de una de las galeras de Azán Bajá, atado con doble cadenas y un grillo listos a zarpar dentro de poco tiempo rumbo a Constantinopla. La cantidad tan arduamente recaudada de quinientos escudos por fin reunidos fueron entregados y es asi que un 19 de Septiembre de 1580 Cervantes, es finalmente liberado.

Arribando a España el 24 de Octubre del mismo año, junto a los demas cautivos que tambien fueron también rescatados. Primeramente se hubico casi de imediato en Denia, para luego trasladarse a Valencia por corto tiempo y finalmente en Diciembre regresa con su familia a Madrid. En mayo del siguiente año, 1581, Cervantes se traslada a Portugal donde se encontraba la corte de Felipe II, con el objeto de rehacer su vida y finalmente poder obtener con que pagar las deudas cual hubiese montado su familia al rescatarle en libertad de Argel. Le encomendaron una comisión secreta en Orán, puesto que él tenía muchos conocimientos de la cultura y costumbres del Norte de África y por este trabajo recibió 50 escudos... despues se paso un año en Lisboa y a finales del año regresa a Madrid. A principios del año de 1582, sin suerte solicito trabajo en las Indias y no lo obtuvo, pero en esa misma epoca tuvo relaciones amorosas con Ana Villafranca de Rojas, la mujer de Alonso Rodríguez un tabernero y de esa relación nació una hija a quien él reconoció bautisandole con el nombre Isabel de Saavedra.

Cervantes, después contrae matrimonio con Catalina de Salazar y Palacios un 12 de diciembre de 1584, en el pueblo toledano de Esquivias. Catalina era una joven casi de treinta años menor que el. Se estima que Catalina tambien aportaba un pequeña dote y se piensa también que desde un principio el matrimonio aparentaba hundirse en un fracaso estéril, dado que en menos de sus primeros dos años de casados, Cervantes emprende sus extensos viajes por Andalucía y otras ciudades Españolas. Y a la vez, Cervantes peticiona a la Iglesia, e intenta estrenar el primer divorcio en España, cual logicamente le fuese imposible obtener en dicho pais catolico. Años antes de haberse casado, Cervantes escribio La Galeta, cual se cre probablemente escribiera, entre los años 1581 y 1583. La Galeta, cual fuese su primera obra literaria de trascendencia historica, fue publicada en Alcalá de Henares en 1585. Antes de esta, Cervantes, sólo había publicado varias pequeñas, cortas composiciones en libros ajenos, romanceros cancioneros y poemarios en producciones conjunto a diversos poetas.

La Galatea apareció dividida en seis distintos libros, aunque se indica que Cervantes sólo escribiera la primera parte, prometiedó asi luego continuar la obra; sin embargo, esta nunca llegó a imprimirse. En el prólogo la obra es calificada como 'égloga,' o composicion poetica que idealiza los pastores, en trato de temas humanos, como el amor... dedicando en gran parte al elogio de los pastores y la insistente afición cual Cervantes siempre llevo hacia la poesía. La Galeta llega a ser vista y comparada mas con l a Diana, cual fuese una novela género pastoril, que había establecido en España el novelista y poeta Portugues, Jorge de Montemayor.

Aunque en ellos aún se observan siertas de las lecturas que realizó cuando fue soldado en Italia. Su matrimonio con Catalina fue corto, del cual no resultaron hijos. A pesar de haber escrtio una variedad de textos autobiográficos, aun dado, Cervantes nunca escribio nada acerca de su esposa ni de su matrimonio. Aun siendo el quien fuese el primero que abordara el tema del divorcio en la literatura Española con el entremés El Juez de los divorcios. Se supone que en su matrimonio no fue feliz, ya que nos indica en ese mismo *entremés* que 'más vale el peor concierto a uno de los mejores divorcios.' Durante sus ultimos años mientras viajaba a Andalucía en 1587, como comisario de provisiones de la Armada Invencible, recorre una y otra vez el camino que conduce desde Madrid a Andalucía, pasando por Castilla, La Mancha; cual se cree ser el mismo itinerario de Rinconete y Cortadillo.

Cervantes se establece 1597, en Sevilla desde donde trabaja posteriormente como cobrador de impuestos, tambien fue en ese mismo año cuando fuese encarcelado, tras la quiebra del banco donde se depositaban las recaudaciónes cobradas. Se cree que fue durante este encárcelamiento donde engendra y da vida a *Don Quijote de la Mancha*, según el prólogo de la obra. Aunque no sabemos con seguridad si fue en la carcel donde comenzó su creatividad literaria y se dedico a escribirlo o, si simplemente fue alli donde se le ocurrió la idea de escribirla. El otro encarcelamiento documentado de Cervantes fue muy breve, en Castro del Río (Córdoba). No consta que haya estado nunca en la Cueva de Medrano, en Argamasilla de Alba y en 1605, publica la primera parte de la que fuese su principal obra: *El Ingenioso Hidalgo Don Quijote de la Mancha,* o, Don Quijote de la Mancha. Esta obra marcó el fin del realismo como estética literaria y creó el género de la novela moderna, la novela polifónica, de amplísimo influjo posterior. Y aunque la segunda parte no aparece hasta fines del año 1615, bajo el titulo *El Ingenioso Caballero Don Quijote de la Mancha,* ambas obras le ganan un puesto principal en la historia de la literatura universal y convierten a su autor en idolo, junto con Dante Alighieri, William Shakespeare, Michel de Montaigne y Goethe en un autor canónico de la literatura occidental. Un año antes, aparece publicada una apócrifa continuación de Alonso Fernández de Avellaneda la cual es una novela escrita, al parecer, por un discípulo y amigo de Lope de Vega de origen aragonés o talves de amigos del mismo Lope.

Entre las dos partes de Don Quijote, aparecen en 1613, las Novelas ejemplares las cuales forman un conjunto de doce narraciones breves, compuestas algunas de ellas muchos años antes; su fuente es propia y original. En ellas ensaya distintas fórmulas narrativas como La Satira Lucianesca *El Coloquio de los Perros*, *La Novela Picaresca*, *Rinconete y Cortadillo*, *La Miscelanea*, *El Licenciado Vidriera*, *La Novela Bizantina La Española Inglesa*, *El Amante Liberal*, incluso, La Novela Policiaca, *La Fuerza de La Sangre*. De algunas de ellas, se conservan una segunda redacción testimoniada por el manuscrito llamado de Porras de la Cámara, ejemplo que forma en la obra *El Celoso Extremeño*, cual fue descubierto en el siglo XIX. Varios expertos atestiguan que simplemente esta creativa colección de novelas pudiece haberle creado un puesto muy destacado en la historia de la literatura Castellana. En el listado de las críticas literarias constantes de sus obras aparece La *Galatea*, en *Don Quijote* y tras ella se consagró el Viaje del Parnaso en 1614, cual es un extenso poema de tercetos encadenados. En 1615, Miguel Cervantes publico ocho comedias y ocho entremeses nuevos, nunca antes representados, aunque su drama más popular sigue siendo La Numancia, además de El trato de Argel, quedó inédito hasta el siglo XVIII.

Un año después de su muerte, aparece la novela Los Trabajos de Persiles y Sigismunda, cuya dedicatoria firmo al Conde de Lemos, varios días antes de su muerte. La novela Bizantina pretende competir con el modelo clásico Griego de Heliodoro, quien llego a conocer algunas ediciones más en su época; pero fue olvidada y oscurecida por el triunfo indiscutible de *Don Quijote*. Cervantes utiliza un grupo de personajes como hilo conductor de la obra, en vez de dos, anticipando así al llamado realismo mágico. En cierto modo, cristianiza el modelo original utilizando el tópico del *homo viator*, alcanzándose el clímax al final de la obra con la anagnórisis o, reconocimiento de los dos enamorados principales, llamados hasta entonces Periandro y Auristela, en la ciudad santa de Roma. *Nuestras almas, como tú bien sabes y como aquí me han enseñado, siempre están en continuo movimiento y no pueden parar sino en Dios, como en su centro. En esta vida los deseos son infinitos y unos se encadenan de otros y se eslabonan y van formando una cadena que tal vez llega al cielo y tal se sume en el infierno*

En realidad, el *Persiles* es una novela de estructura e intenciones muy complejas que aguarda todavía una interpretación satisfactoria. La influencia de Cervantes en la literatura universal no solamanete sobre sale, sino que se considera tal, que la misma lengua Española suele ser llamada la lengua de Cervantes. Los alcances artísticos de Cervantes son sumamente originales, arduamente parodiando e, imitando un género que empezaba a periclitar o, desaparecer como lo eran en ese entonces libros de cabellerías. Cervantes creó otro género sumamente vivaz, en novelas polifónicas, formando voces simultaneos con armonia donde se superponen las cosmovisiones y los puntos de vista hasta confundirse en complejidad con la misma realidad, recurriendo incluso a juegos metaficcionales. En dicha época, la épica podía escribirse también en prosa, y con el precedente en el teatro del poco respeto a los modelos clásicos creados por Lope de Vega, cuales suman la fórmula del realismo, tal y como había sido preparada en España por toda una tradición literaria desde el *Cantar del Mío Cid*, ofreciéndosela al resto de Europa, donde obtuvo más discípulos que en su propia España. La novela realista entera del siglo XIX está marcada por este magisterio.

Las otras obras maestras de Cervantes fueron las Novelas ejemplares, cuales demuestran la amplitud de miras de su espíritu y sobre todo su deseo de experimentar con estructuras narrativas. En esta colección de novelas el escritor experimenta con la novela bizantina *La Española Inglesa*, las novelas policíacas, politicas, criminales, *La Fuerza de la Sangre*, *El Celoso Extremeño*, tambien con el diálogo vivo lucianesco, *El Coloquio de los Perros*, la miscelánea de sentencias, *El Licenciado Vidriera* y con las novelas picarescas, *Rinconete y Cortadillo*. Luego implemento la narración constituida sobre personajes dramaticos provocando el desenlace y conflicto con anagnórisis cual los demuestra vivamente en *La Gitanilla*.

Don Quijote De La Mancha, es considerada como las primeras novelas modernas en el mundo que consta de dos partes… la primera siendo, *El Ingenioso Hidalgo Don Quijote de la Mancha,* publicada en 1605 y la segunda, *El Ingenioso Caballero Don Quijote de la Mancha,* publicada en 1615 bajo su título original…

La primera parte de esta novela se imprimió en Madrid, en casa de Juan de la Cuesta, a fines de 1604 y salió a la venta en enero de 1605 con un sin numero de errores tipograficos o erratas, a causa de la acelerada rapidez o velos celeridad con cual se imponían a ejecutar el contrato de edición. Demanda por la novela causo tanta conmocion que la edición se reimprimió en el mismo año y en el mismo taller, de forma que sin realisar se crearon dos ediciones en 1605, ambas ligeramente distintas. Sin embargo se sospecha, que tambien existió una novela más corta, que pudiera haber sido una de sus futuras ejemplares. Tambien se cree ser posible que esta fue imprimida bajo el título *El Ingenioso Hidalgo de la Mancha,* de manera que esa publicación se perdio tras los años.

Aun asi las criticas sobre los autores, Francisco López de Úbeda, Lope de Vega y varios otros, aluden a la fama de esta novela. Alegando que dicha manuscrita circulaba antes e, incluso opinan que podría ser una primera parte imprimida en 1604. Tambien se dice que el escritor moro, Túnez, Ibrahim Taybilí, o (Juan Pérez) en su nombre cristiano comento haberla visto en 1604 durante su visita a una librería en Alcalá cuando adquirió copias de las *Epístolas* familiares y el *Relox de Príncipes* de Fray Antonio de Guevara y la *Historia Imperial y Cesárea* de Pedro Mexía. Ibrahim Tabili, tambien nos asegura, que durante esa misma epoca, Cervantes se burla de los libros de caballerías de moda y cita dar amplio conocimiento sobre la obra *Don Quijote*. Razon por la cual varios de los criticos de Cervantes aun prestan credibilidad a la existencia de una edición anterior a la de los años 1605. Los expertos Cervantistas indican segun sus investigaciones que la inspiración para componer esta obra llego a Cervantes, al parecer el llamado *Entremés de los romances*, que era de fecha anterior. Aun se cree, se alega y se discute su argumento, el cual ridiculiza a un labrador que enloquece creyéndose héroe de romances. El labrador abandonó a su mujer, y se echó a los caminos, como hizo Don Quijote. Este entremés posee una doble lectura, también es una crítica a Lope de Vega; quien, después de haber compuesto numerosos romances autobiográficos en los que contaba sus amores, abandona a su mujer y se marcha a la Armada Invencible. Tras las notas de los historiadores se reconoce el interés de Cervantes como el Romancero tras su resentimiento despues de haber sido echado de los teatros por las criticas y exito mayor de Lope de Vega y por su carácter como entremesista.

Por todo ello, podría ser una suposicion por los datos del cual se basan los argumentos al parecer ser verdadero y creible o, una hipótesis verosímil. La primera parte, en que se alargaba la previa novela ejemplar, se repartió en cuatro volúmenes, disfruto de un éxito formidable y fue traducida a todas las lenguas cultas de Europa. Se cree que desafortunadamente, la obra no produjo significantes beneficios económicos para el autor, dando causa del gran numero de ediciones pirateadas. Los investigadores e historiadores cervantistas relatan que Cervantes sólo reservó privilegio de impresión para el reino de Castilla, con lo que los reinos aledaños imprimieron copias de *Don Quijote* más baratos que luego venderían en Castilla.

Por otra parte, las críticas de carácter neoaristotélico de su epoca se inclinan hacia la nueva fórmula teatral ensayada por Lope de Vega y el hecho de inspirarse en un entremés en que se le atacaba, supuso atraer la inquina de los lopistas y del propio Lope; quien, hasta entonces, había sido amigo de Cervantes. El cual se cree que fue el motivó principal para que se imprimiera una segunda parte de la obra en 1614, bajo el nombre de 'Alonso Fernández de Avellaneda.' Aqui se nota claramente que en el prólogo se le ofende gravemente a Cervantes, atacandole y refiriendose le a el como mentiroso e envidioso, como en respuesta al agravio infligido a Lope.

Apesar que en las siguientes investigaciones relevantes al studio, no se indican dichas previas sobre quién pudiese haber sido, Alonso Fernández de Avellaneda. Aunque varios importantes Cervantistas de la epoca sospecharon que bien hubiese podido haber se tratado de otro personaje real agraviado por la publicación de la primera parte, cual aparece como personaje ficticio en la obra. Aun asi, la obra en la otra novela no es mala y es posible, incluso, que se inspirara en la continuación elaborada por el mismo Cervantes. Manera por la cual muchos sospechan que Cervantes podria haber jugado con el hecho de que el protagonista en su obra se enterara de que existía un suplantador. Miguel de Cervantes continuo su cultivó literario a su modo original de los géneros narrativos, habituales en la segunda mitad del siglo XVI. La novela Bizantina, la novela Pastoril, la novela Picaresca, la novela Morisca, La Sátira Lucianesca, La Micelanea y renovó el género de la *novella*, que se entendía entonces a la Italiana como relato breve, exento de retórica y de trascendencia mayor.

Lista de las obras de Cervantes

La Galatea 1585
El ingenioso hidalgo don Quijote de la Mancha 1605
Novelas ejemplares 1613
Segunda parte del ingenioso caballero don Quijote de la Mancha 1615
Los trabajos de Persiles y Sigismunda 1617

La Galatea

La Galatea, fue publicada en 1585, esta seria la primera novela de Cervantes; formo parte del subgénero pastoril a "una égloga en prosa como define el autor," triunfante en el Renacimiento. Su primera publicación apareció cuando el autor solo tenía 38 años, con el título de *primera parte de La Galatea*. Como en otras novelas del género similar al de *La Diana* de Jorge de Montemayor. Dentro de ella, los personajes son pastores idealizados, que relatan sus desgracias circunstanciales o, cuitas de dolor que expresan sus sentimientos de naturaleza idílica o *locus amoenus* que execivamente idealizan el exito de la realidad. *La Galatea* se dividio en seis libros por los cuales se desarrollaron una historia principal y cuatro secundarias que comienzan en el amanecer y finalizan al anochecer, al igual que las composiciones poeticas eglogas que idealizan la vida de los pastores como en las églogas tradicionales. Pero de la misma manera vemos que en los poemas bucólicos campestres de peripecias amorosas que suele tener a los pastores como protagonistas de obras Virgilianas donde cada pastor es en realidad una máscara que representa a un verdadero personaje.

Un Corto Relato y Explicacion de las Ejemplares Novelas de Cervantes

Desde 1590 a 1612, Miguel de Cervantes Saavedra escribió una serie de novelas cortas y las reunio todas en1613 para publicarlas en una colección titulado *Novelas Ejemplares*. Tomando en cuenta la gran acogida que obtuvo con la primera parte del *Don Quijote,* al principio recibieron el nombre de *Novelas Ejemplares de Honestísimo Entretenimiento.* Razon por la cual notamos que existen dos versiones de *Rinconete y Cortadillo* y de *El Celoso Extremeño.*

Se estima que Cervantes introdujo en estas novelas algunas variaciones con propósitos morales y diciplinas sociales o estéticas y desde dicho punto, su colección literaria surge con el nombre de ejemplares. De estas, la versión más primitiva, cual se encuentra en el llamado *Manuscrito de Porras de la Cámara,* la otra cual es una colección de diversas obras literarias, entre las cuales tambien se encuentran otras novelas atribuidas a Cervantes, como *La Tía Fingida,* etc. Tambien se encuentran algunas otras novelas cortas insertas en el *Don Quijote,* como *El Curioso Impertinente* o una *Historia del Cautivo,* cuales cuenta con elementos autobiográficos de su propio genero. Entre la extensa lista the obras escritas por el ingenioso autor, se encuentran las siguientes obras como *La Gitanilla, El Amante Liberal, Rinconete y Cortadillo, La Española Inglesa, El Licenciao Vidriera, La Fuerza de la Sangre, El Celoso Extranoño, La Ilustre Fregona, Las Dos Doncellas, La Señora Cornelia, El Casamineto Engañoso* y *El Coloquio de los Perros.*

De todas ellas, *La Gitanilla* es la más larga de sus novelas ejemplares, cual tambien se cree que tiene el mayor numero de elementos autobiográficos de la historia amorosa que tuvo Cervantes con un pariente lejano. Como en muchas otras de estas tramas, el autor se centra en el artificio de la agnicion o reconocimiento de un personaje por parte de otra en su obra dramatica. *La Gitanilla* se trata de una muchacha de origen noble raptada por unos gitanos y educada por ellos y de un caballero noble que se enamora y decide abandonar su nobleza tras ella y llevar la vida gitana, al final ambos descubren sus realidades, cual posibilitá el matrimonio de la pareja y la historia de amor termina felizmente.

El Amante liberal se trata de una novela morisca donde también existe el rapto y tambien se satirizan los amores homosexuales de los árabes.

El *Rinconete y Cortadillo* es la historia de dos muchachos que aburidos de la vida lenta se desgarran y se fugan de la casa familiar para emprender una vida picaresca dedicandose a la baraja y del hurto, hasta que van a parar a Sevilla, donde mientras trabajan de esportilleros, son captados por una asociación mafiosa de malhechores. Esta resulta ser una especie de sindicato criminal Sevillano, gobernado como una cofradía por el hermano mayor, Monipodio. Dentro de ella suceden diversas escenas de género propias de un entremés o una jácara donde desfilan alguaciles corruptos, ladrones, matones, chulos y prostitutas; acabando asi en una presentacion cual es rodeada de tipejos pillos y al final los muchachos deciden regenerarse y retornanr a su hogar. En su obra *La Española Inglesa* describe el rapto de una joven Española, quien es secuestrada por una caballeria Inglesa durante la invasión de Inglaterra en Cádiz. Años despues la joven se educa en Londres y luego se convierte en dama de compañía a la reina Isabel I de Inglaterra. Tras los tiempos reemerge descrita sin animadversión o, sentimientos de oposicion de enemistad sobre los Ingleses. Pierde el cabello tras beber un bebedizo elaborado con hierbas y otros ingredientes especiales pero al final todo se arregla y termina feliz. La obra *El Licenciado Vidriera*, se trata de un estudiante bien pobre llamado, Tomás Rodaja, quien se dirije a Salamanca a estudiar bajo la compañía de un noble. Tras un tiempo termina su licenciatura con altos honores y mientras viaja por las diversas ciudades Italianas, pierde la razón del sentido a causa de un filtro de amor que le suministran bajo secreto. El joven licenciado cree que su cuerpo es de vidrio y teme ser sumamente frágil. Sobre todo, es sumamente acertado e ingeniosamente agudo, sorprendentemente todos le consultan. Finalmente recobra el juicio, pero ya nadie le contrata ni va a verle. En realidad, la novela parece ser una colección de las agudezas en prosa del protagonista, al estilo de una de las misceláneas tan prevalentes del Siglo de Oro.

La Fuerza de la Sangre, es basada de un relato policíaco, en el que una doncella es violada y ultrajada con los ojos vendados. Luego ella se dedica a reconstruir intelectualmente el crimen hasta lograr descubrir quien fuera el culpable y a fuerzas demandar a que el se case con ella para luego poder restituirle su honor.

El historial de *El Celoso Extremeño*, divulga los trastornos mentales que a ciegas celan patológicamente a un viejo indiano, quien habia retornado a España del extranjero enriquecido. Luego se enamora y se casa con una jovencita, pero los mismos celos hacen que la encierre su casa y en ves de felicidad le proeve una vida hermétania. No permite que su joven esposa salga de la casa, tampoco le permite tener visitas masculinas. Tras pasa el tiempo, el viejo queda sumamente cegado por los celos y decide contratar a un esclavo negro de vigilante y le da ordenes extrictas de no permitirle a nadie pasar su puerta. El seductor Loayza, es perturbado por esto y se dedica engañarlo para verse con su mujer. Y con tiempo lo logra al engatusar al esclavo con una vihuela al darse cuenta que al esclavo le encanta la música, logrando asi acostarse con la joven esposa del celoso viejo. Tras darse cuenta el pobre viejo de que le habian puesto los cuernos humillado se muere de pena, pero antes de morir, el viejo mohigato, perdona a su mujer..

La Ilustre Fregona, se trata de dos mozos que pretenden seducir o, cortejar a la muy bella moza de una posada. Despues de insistir uno de ellos logra su propósito y el otro es humillado. Y en su mente termina siendo perseguido por un grupo de chiquillos quienes le gritan por la calle y le aparecen por donde quiera que valla.

El Casamiento Engañoso, relata en narracion sobre el supuesto timo de una señorita que aparece ser honesta y pura para lograr casarse con un militar. El militar ignora las advertencias de que la supuesta señorita, habia sido antes una prostituta o, meretriz. Tras los tiempos lo abandona dejándole una fuerte dosis de enfermedad venérea que solo puede curar con una serie de purgas de sudores en el hospital de Atocha.

El Coloquio de los Perros, es continuacion del Casamiento Engañoso, donde el militar ralata sobre su triste jornada cual embarca tras el purgarse de sus enfermedades veneres. En ella narra su condicion en medio de fuertes fiebres y de noche asiste a la conversación entre dos perros, Cipión y Berganza. Donde uno le cuenta al otro la historia de su vida y la de sus sinvergüenzas amos. Esta obra se trata de una fantasía al estilo de las de Luciano de Samosata y un desfile de entremeses dando argumento entre unos pastores y una bruja, quien recuerda al de una novela picaresca o un entremés. En cuanto a sus obras de Persiles y Sigismunda se nota que son historias septentrionales, relacionadas con el Norte de Ghana, entre Costa de Marfil, Togo, etc, en el continente Africano. Estas últimas obras de Cervantes pertenecen al subgénero de la novela Bizantina. En una de ellas escribió la dedicatoria al Conde de Lemos el 19 de abril de 1616, cuatro días antes de fallecer, donde se despide de la vida citando estos versos:

Puesto ya el pie en el estribo,
con ansias de la muerte,
gran señor, esta te escribo.

Aquí podemos observar, que el autor ve claramente que le queda muy poco tiempo de vida y se despide de sus amigos. Aunque no se hace ilusiones, sin embargo se nota su deseo de vivir y completar las obras que aun concerva en su imaginacion intelectual, cuyos títulos habia escrito antes de fallecr. *Las Semanas del Jardín, El Famoso Bernardo* y la segunda parte de *La Galatea,* forman parte de los trabajos literarios que no pudo completar antes de morir.

Aun asi el género de la novela bizantina, nos relata que Cervantes, se atrevio a competir con el modelo del género, Heliodoro en la novela, inspirada en la crónica de *Saxo Grammático, Olao Magno* y en las *Fantasías del Jardín de Flores Curiosas* de Francisco de Torquemada, nos cuenta la peregrinación llevada a cabo por *Persiles y Sigismunda,* dos príncipes nórdicos enamorados que se hacen pasar por hermanos cambiándose los nombres por Periandro y Auristela. Separados por todo tipo de peripecias, emprenden viaje desde el norte de Europa hasta Roma, pasando por España, con finalidad expiatoria antes de contraer matrimonio. La obra es importante porque supone en el autor cierto distanciamiento de las fórmulas realistas que hasta el momento había cultivado. Luego en estas ultimas obras suelen aparecer hechos extraños y peregrinos que migran de su mente, como en el tema de una mujer que salta de un campanario librándo de no estrellarse gracias al paracaídas que forman sus faldas, tambien el de sus personajes que pueden ver o, adivinar el futuro. Al final de su brillante carrera como escritor se nota que los protagonistas o, personajes principales empiesan a aparecer muy desvaídos u opacos y el colorido de la obra suele perder toda su realidad.

La obra está protagonizada por un grupo, en el que se integran dos Españoles abandonados en una isla desierta, Antonio y su hijo, criado en la isla como una especie de bárbaro arquero en contacto con la naturaleza. Los últimos pasajes de la obra estan bastantes limados, ya que el autor falleció antes de corregirlos… aunque tuvieron cierto éxito y se logro reimprimir varias veces, para luego ser olvidada en el siglo siguiente.

Muchos Lo Ignoran, Miguel de Cervantes Saavedra TambienFue Poeta.

En sus escritos, notamos que Miguel Cervantes fue un gran fanatico de la poesia y se afanó en ser poeta, aunque siempre dudo de su capacidad. Aquí podemos ver cierta duda cuando leemos *el Viaje del Parnaso.*

> *"Yo que siempre trabajo y me desvelo*
> *por parecer que tengo de poeta*
> la gracia que no quiso darme el cielo."

Se han perdido a la historia y aun no se han podido identificar casi todos los versos poeticos que no estaban incluidos en sus novelas o en sus obras teatrales. Cervantes declara haber compuesto gran número de romances, entre los cuales estimaba especialmente uno a cerca de los celos. En efecto, participó junto a otros grandes poetas contemporáneos como Lope de Vega, Góngora y Quevedo, en la recopilación de los romances que se produce hacia los años 1580 y que dio origen al Romancero nuevo, llamado así frente al tradicional Romancero viejo del siglo XV, en el cual era anónimo. Miguel de Cervanes, inicio su carrera de obras poéticas con cuatro composiciones dedicadas a *Exequias de la reina Isabel de Valois.* Entre la lista de sus otros poemas, se encuentran, *A Pedro Padilla, A la muerte de Fernando de Herrera, A la Austriada de Juan Rufo.* Como poeta se destaco en un tono cómico y satírico, entre sus obras maestras suelen los sonetos *Un Valentón de Espátula y Greguesco* y *Al Túmulo del Rey Felipe II*, del cual estos dos versos parecen ser los mas famosos.

Caló el chapeo, requirió la espada,
miró al soslayo, fuese, y no hubo nada

Uno de los primeros folletos escritos en prosa es *El Buscapié*, cual es una vindicación de *Don Quijote* y escrita por el erudito Adolfo de Castro quien tambien escribio, *La Epístola A Mateo Vázquez*. Muchos alegan ser una falsificación escrita por el anticuado, erudito y culto en humanidades, quien es el mismo Adolfo de Castro. Durante esta misma epoca se introdujo el asentó y algunas otras innovaciones en la métrica, como la invención de la estrofa denominada ovillejo, u estrofa formada por tres versos octosilabos que alternan con tres versos de pie quebrado con los cuales se riman consonants. El uso del soneto con estrambote, el cual es un conjunto de versos que se añaden al final de un poema (soneto), usado para luego rematar con tonos ironicos.

El Viaje del Parnaso, publicada en 1614, es el único poema narrativo extenso de Cervantes y esta formada por tercetos encadenados, donde el autor critica a algunos poetas Españoles, satirizando a algunos y elogiando a otros. Esta es escrita a imagen y semejanza; narrada en forma autobiográfica de ocho capítulos en Italiano como *Viaggio di Parnaso* por Cesare Caporali di Perugia; como un viaje al monte Parnaso, a bordo de una galera dirigida por Mercurio, en la que algunos poetas elogiados tratan de defenderlo frente a los poetastros o malos poetas. Luego reunidos en el monte con Apolo, salen airosos de la batalla y el protagonista regresa de nuevo a su hogar. Al final, la obra se completa con la *Adjunta al Parnaso*, donde Pancracio de Roncesvalles entrega a Miguel Cervantes dos epístolas de Apolo.

La Historia de Su Carrera Teatral

Para Miguel de Cervantes Saavedra, su carrera teatral fue su gran vocación y en muchas de sus notas, Cervantes nos relata en sus escritos que cuando era joven se le iban los ojos al ver a los comediantes en el escenaro y asistia a las austeras presentaciones de autores de esa época, tal como los Lope de Rueda, etc. Segun los prólogos de sus obras, en sus ocho comedias y ocho entremeses, nunca antes presentados, su éxito lo tuvo sin ofrendas de su efímero, ante el exitazo de la nueva fórmula dramática que luego emprende Lope de Vega. Nos damos quanta de ello, dado a lo que según los empresarios destinados a desestimar las comedias Cervantinas, quienes aperentan ser mas modernas y audazes, a las obras de Cervantes, cuales prefierieron sobre las de su rival. Muchas de las obras teatrales de Cervantes y sus poseías para ellos solian tener un termino moral, e incluían personajes alegóricos, tambien procuraban someterse a las tres unidades aristotélicas de acción, tiempo y lugar, mientras que las obras de Lope, rompían con el genero de unidades y moralmente eran más desvergonzadas y desenvueltas, apararentando así ser más variadas y mejor versificadas para su epoca. Cervantes nunca logro poder sobresalir de este fracaso y se mostró muy disgustado con los cambios del teatro Lopesco.

En la primera parte del Don Quijote, notamos que cuyo carácter teatral aparece bien asentado entre la super abundancia de diálogos y de situaciones de tipo entremesil que intercalan o, mesclan las tramas de una manera entreverante. Aunque en efecto, finalmente, el entremés es el género teatral donde el genio dramático de Cervantes luce con todo su esplendor. Razon por la cual podemos decir con plena seguridad que entre Luis Quiñones de Benavente Francisco de Quevedo y Cervantes, es Cervantes quien se considera como uno de los mejores autores del género.

Sobre toda realidad, a fin de cuentas notamos lo indiscutible, ya que es Cervantes quien finalmente aporta y entrega mayor interest a sus personajes, al dirigir con un humor inimitable de gran profundidad y calado, la trascendencia temática literaria. Hoy dia aun notamos que en gran parte de sus obras existe una viva interconexión entre el mundo teatral y el narrativo que demuestra a la humanidad. Claramente podemos observar en los ejemplos, que en el tema de entremés, *El Viejo Celoso,* aparezce en la novela ejemplar de *El Celoso Extremeño.* En otras aparecen personajes, 'sanchopancescas' como en el entremés de la *Elección de los Alcaldes de Daganzo,* donde el protagonista es un buen catador o 'mojón' de vinos como Sancho. Tambien notamos la muestra del tema barroco y la aparente realidad que nos muestra en *El Retablo de las Maravillas,* del cual se adapta el cuento medieval de don Juan Manuel. Cervantes conocía la obra, había leído en una edición anterior acerca de su contenido social. *El Juez de los Divorcios* también toco biográficamente a Cervantes, ya que en esa obra concluye de que 'más vale el peor concierto, que el mejor divorcio en el mundo.'

Entre las otras obras teatrales que tambien poseen muestra de sus interéses personales de su vida real, se encuentran los entremeses de *El Rufián Viudo, La Cueva de Salamanca, El Vizcaíno Fingido* y *La Guarda Cuidadosa.* Sin embargo entre las cuales Cervantes, adopta tanto la prosa como el verso y atribuye al igual a estos y otros entremeses, como el de *Los Habladores.*

De acuerdo a la escrita histórica, hecha por investigadores Cervantistas, nos dicen que durante su vida, Cervantes injustamente fue poco apreciado y muy mal representado en el genero teatrico. *El Cerco de Numancia,* cual también se le conoce como *La Destrucción de Numancia,* son dos de sus piezas que dan mayor ejemplo a la imitación de las tragedias clásicas del teatro, dado a la excepción que representan.

En ellas se escenifica el tema patriótico del sacrificio colectivo ante el asedio del *General Escipión,* donde el hambre toma forma de sufrimiento existencial, añadiéndose a figuras alegóricas que profetizan un futuro glorioso para España. Se trata de una obra donde la provincia parece tener el mismo cometido que tenía para el *Eneas,* escapado de la *Troya* encendida en Virgilio. Entre sus obras de comedia que parece poseer, mas inspiración patriótica, es *La Conquista de Jerusalén,* cual fue recien descubierta. Tambien notamos en otras comedias en las que Cevantes, trato el tema directamente con el de su vida, fueron las obras, *Persiles,* El *Cautiverio en Argel, Los Baños de Argel, Los Tratos de Argel, La Gran Sultana* y *El Gallardo Español.* En estas se adquirion también encontrar la comparacion y situación cual vivian los antiguos soldados como en la cual vivio el propio Cervantes. Entre sus temas, mas novelesco se encuentran, *La Casa de los Celos y Selvas de Ardenia, El Laberinto de Amor, La Entretenida.* Tambien entre las de carácter picaresco, se encuentra *Pedro de Urdemalas* y *El Rufián Dichoso.*

Recolectando La Imagen Entre Sus Obras Perdidas y Atribuidas

Por medio de estudios avansados en literatura clásica, u Epoca the Oro, nos enteramos que durante su tiempo en vida, repetidamente Cervantes nos da entendimientos detallados y menciona sobre varias otras obras dramáticas, al igual que otras comedias que estaba escribiendo. Por medio de las anotaciones suyas, sabemos que habían sido representadas con éxito, lamentablemente, hasta dicha fecha de estas investigaciones, cuyos textos han quedado perdidos en la historia.

Entre sus obras perdidas, o aun no encontrados hasta la fecha, se cree ser la segunda parte de *La Galatea, El Famoso Bernardo,* un texto de 'caballeria, cual se refiere a Bernardo del Carpio' y *Las Semanas del Jardín.* Aunque no se sabe con seguridad si en realidad Cervantes llegó a completar de escribir esta obra. Otra de ellas que se cree perdida es el del libro de caballerías *Belianís de Grecia.* Entre las obras teatrales de Cervantes, aun no encontradas, tambien se encuentran, *La Gran Turquesca, La Batalla Naval, La Jerusalén, La Amaranta o la del Mayo, El Bosque Amoroso, La Unica, La Bizarra Arsinda* y *La Confusa.* Sabemos que en el repertorio del autor, Juan Acacio en 1627, aún existia la obra comedia llamada *El Trato de Constantinopla y La Muerte de Selim.*

Existe aun, un sin numero de obras diversas cual se le atribuyen a Cervantes con un variado fundamental. Entre estas se encuentran las obras major conocidas, como La Tía Fingida, cual es una narración del estilo de sus novelas ejemplares. *El Diálogo Entre Cilenia y Selanio* sobre la vida en el campo, que tambien se supone ser un fragmento, de *Las Semanas del Jardín,* que es otra obra perdida de Cervantes. *Autosacramental de la Soberana Virgen de Guadalupe,* relativo al hallazgo de la imagen de Nuestra Señora de Guadalupe y La Topografía e historia general de Argel, de fray Diego de Haedo, el cual se sabe bien que no es su obra original. De todas maneras, no podemos en conciencia literaria hablar del genio de Miguel Cervantes, sin antes darle tributo a su obra principal Don Quijote, la cual sin duda alguna es indisputiblemente una de las obras literarias mas famosa en el mundo entero.

La Primera Parte de Don Quijote (Una Breve Descripcion e, Interpretacion)

Como podremos imaginar que al igual que cualquier otra obra clásica, *Don Quijote* ha sufrido todo tipo de interpretaciones y críticas, algunas a veces, tan desquiciadas y absurdas que simulan y hasta parecen establecer cierta crudulidad, que sin duda han logrado convencer al mismo protagonista y autor de la obra. Sin embargo, atraves del medio de Sancho y su genialidad, en 1615, Miguel de Cervantes logro proponer el primer informe acerca de la impresión de los lectores, entre los que noto gran diferecia de opiniones. Unos lo catalogaban como 'loco, pero gracioso' otros lo definian como 'valiente, pero desgraciado' mientras algunos le llamaban 'cortés, e, impertinente.' En el capítulo dos de la segunda parte, notamos que ya parece contener ambas tendencias interpretativas posteriores; la cómica y la seria. Sin embargo, durante esa epoca en España generalmente la novela fue vista y recibida simplemente como un libro de entretenimiento, como un regocijante libro de burlas o como una divertidísima y fulminante parodia de los libros de caballerías. Al fin y al cabo por medio de esta intención se cree que el autor, logro identificar esto en el prólogo de la segunda edicion. Razon por la cual, se estima sin duda alguna que al principio toda Europa leyó a *Don Quijote* como una sátira.

La primera traducción de la obra al idioma Ingles, fue hecha en 1612 por Thomas Shelton. Dos años después, los franceses lograron poder leer le en 1614 cuando César Oudin publico la versión en Frances, aunque en 1608 ya se había traducido bajo el titulo *El Curioso Impertinente*. Varios años después, los Italianos publicaron su propia version en 1622, los Alemanes en 1648, siguiendole los Holandeses en 1657, en la primera edición ilustrada en su idioma. La comicidad de las situaciones prevalecía sobre la sensatez de muchos parlamentos. Entre las mas significantes interpretaciónes dominantes del siglo XVIII, fueron las principales didácticas o, tecnicas pedagogicas metodogicas que estudiaron e, interpretaron las enseñansas u indicaciones del libro como una sátira de diversos defectos de la sociedad. Sobre todo, pretendieron corregir el gusto estragado por los libros de caballerías de aquellos tiempos. Junto a estas opiniones, se cree que usaron las mismas que encontraron en las de un libro cómico de entretenimiento sin mayor trascendencia. Tomamos nota del idealismo neoclásico cual hizo que muchos señalaran, comentaran y continuamente enumeraran los defectos encontrados en la obra, acusandolo como un atento contra el buen gusto artistico y la ortodoxia del estilo neoclasico.

Con el tiempo comensaron a aparecer lecturas y criticas intelectuales mas profundas, graves y esotéricas, ocultas al sentido y dificiles de entender. Una de ellas que aparece con más frequente curiosidad e, interes y aunque poco estudiada, fue la *Autobiografía* escrita por San Ignacio de Loyola, que circulaba durante los 1675 afirmando que *Don Quijote* era una parodia de la, manuscrita. Los Jesuitas se extendieron varios niveles intentando ocultar la escritura. Otros serios ejemplos eran los de Miguel de Unamuno, en 1675, y el Jesuita Francés, René Rapin, quien indico que Don Quijote encerraba una invective o, discurso con censura agria y violenta contra el poderoso Duque de Lerma. Alegando que los acometimiento contra los molinos y las ovejas por parte del protagonista, según su escritura era la medida del Duque de rebajar el valor de las monedas. Añadiendo asi cobre al valor de la moneda de plata y de oro, cuales desde entonces se conocieron como moneda de molino y de vellón. Las criticas sobre la obra de Cervantes continuaron siendo cada ves mas venenosas y acusantes. Acusandole de ser un antipatriota del empeño militar y de ser un crítico del idealismo. El negativo entusiasmo resurgio a fines del siglo XVIII, en los juicios de Voltaire, D'Alembert, Horace Walpole y Lord Byron.

Las criticas de esta epoca, esta ves le acusaban a Cervantes que el Don Quijote con sonrisa y satira, había asestado un golpe mortal a la caballería Española. Como que si por suerte, a esas alturas, Henry Fielding recientemente había convertido a Don Quijote como un símbolo de la nobleza y un modelo admirable de ironía narrativa y censura de costumbres sociales. Durante tal tiempo la obra comensaba a beneficiarce de mejores interpretación de la obra y a fines del siglo XVIII la obra ofrece narrativa Inglesa por fin *Don Quijote* es eceptada como ejemplo de neoclasicismo. Credito dado en ese entonces, al Valenciano Gregorio Mayáns y Siscar, que en 1738 escribió, a manera de prólogo a la traducción Inglesa de ese año, y es aqui cuando nace la primera gran biografía de Cervantes. Y como si empujado por viento en popa, las ráfagas iniciales de lo que sería el huracán romántico, anunciaron con toda claridad que se acercaba una transformación del gusto que cortaria la realidad vulgar de los ideales y deseos. El autor José Cadalso en 1789, escribio en sus *Cartas Marruecas, "Don Quijote* es el sentido literal del uno a otro y el verdadero muy diferente."

En 1800, Friedrich Schlegel, romanticista Alemán se dedico a descifrar el significado verdadero de la obra, a Don Quijote, poniendola en la el rango como precursora culminación del arte romántico y comparandole con el Hamlet de Shakespeare. 1802, el Filosofo Friedrich W. J. Schelling, establece los términos influyentes modernos, cuales convierten a Don Quijote en un luchador trágico, contra la realidad grosera y hostil en defensa de un ideal irrealizable. En los años siguientes los románticos Alemanes Schelling, Jean Paul y Ludwig Tieck, ven la obra teatral Don Quijote y la interpretan como una imagen de heroísmo patético. En 1837, el poeta Heinrich Heine, cuenta al mundo la lúcida traducción del prólogo al idioma Aleman. Ese mismo año, Don Quijote se transforma de un simple hasme reír y conmovedor de la épica burlesca a ser vista como la novela más triste. Varios años despues los filósofos, Hegel y Arthur Schopenhauer, se dedicaron a proyectar los personajes cervantinos a las preocupaciones metafísicas de la epoca.

La epoca del romanticismo inició la interpretación figurada o simbólica de la novela, pasandola a un segundo plano en la lectura satírica. El poeta Inglés Samuel Taylor Coleridge, declaro que Don Quijote "se le antojaba ser una sustancial alegoría viviente de la razón y el sentido moral," elegando y tambien compararandole a un fracaso por falta de sentido común. El ensayista William Hazlitt tambien opino algo similar a esta critica en 1815, notando que los "padecimiento etimologicos y la dignidad de los sentimientos, a menudo se hallan disfrazados en una mescla de burla, drama y broma o, en las jocosidades del tema que provocan risa, cuando en realidad debian de provocar lágrimas."

El poeta del siglo XX, Rubén Darío encontro sierta tristesa en Don Quijote al invocarles en su Letanía de Nuestro Señor Don Quijote con el siguiente verso "Ora por nosotros, señor de los tristes." Tambien lo hace suicidarse en su cuento DQ, el cual compuso ese mismo año, personificando en él la derrota de 1898. No fue difícil que la interpretación romántica acabara por identificar al personaje con su creador. Las desgracias y sinsabores quijotanos se leían como metáforas de la vapuleada vida de Cervantes y en la máscara de Don Quijote se pretendían ver los rasgos de su autor, ambos viejos y desencantados. El poeta y dramaturgo Francés, Alfred de Vigny, imaginó a un Cervantes moribundo que declaraba *in extremis* haber querido pintarse de un Caballero de la Triste Figura.

Anteriormente en el siglo XIX, el personaje cervantino se convierte en un símbolo de la bondad, del sacrificio solidario y el entusiasmo. En las plumas de otros represento la figura del emprendedor que abre caminos nuevos. El espléndido ensayo Hamlet y Don Quijote escrita por el novelista ruso Iván Turguéniev en 1860, logra confrontar a estos dos personajes y presentarlos como arquetipos antagónicos del ser humanos, en el cual muestra al extravertido y arrojado frente al ensimismado y reflexivo. En ella nos presntan a un Don Quijote, quien encarna una moral más altruista y plenamente Cristiana. Año antes W. H. Auden, intentaba elevar al hidalgo a los altares de la santidad, pero Dostoievski, ya lo había empesado a comparer con Jesucristo, afirmando que "de todas las figuras de hombres buenos en la literatura Cristiana, sin duda alguna, Don Quijote era la más perfecta en los ojos de Dios." El príncipe Mishkin, lo considero un molde Cervantino del idiota que está fraguado en metal que procede del Cristo bíblico, mientras que Gogol, Pushkin y Tolstoi le encotraron ser un héroe de la bondad extrema y un espejo a la maldad del mundo.

El siglo romántico no sólo estableció la interpretación grave de *Don Quijote*, tambien lo empujó al ámbito politico e ideologico. La idea de Herder, que en el arte se manifiesta el espíritu de un pueblo y los autores, Thomas Carlyle e Hippolyte Taine, encontraron en la obra, reflejos de los rasgos de una nación en que se engendra. Dada explicacion acerca de estos rasgos los románticos conservadores de aquella epoca, veian a Don Quijote, como tal, refiriendose asi a la renuncia al progreso y la defensa de un tiempo. Al igual que comparandole con valores sublimes, aunque caducos, los de la caballería medieval y los de la España imperial de Felipe II. Para los liberales, la lucha contra la intransigencia de esa España sombría y sin futuro. Estas lecturas políticas siguieron vigentes, durante decenios, hasta que el régimen surgido de la guerra civil, privilegió la primera imbuyendo la historia de nacionalismo tradicionalista.

Finalmente Don Quijote parecio recuperar su interpretación jocosa a mediados del siglo XX y el reverso de los ajustes de los primeros lectores, aunque su fama y notoriedad no le permitieron ahondarse en la interpretación simbólica. Con el tiempo siguieron creciendo las lecturas esotéricas y disparatadas. Dando paso asi a muchos creadores para que formularan su propio acercamiento, desde Kafka, Jorge Luis Borges, hasta Milan a Kundera.

La propia avaricia cual perseguia la celebridad de Thomas Mann, lo motivo a recrear y publicar El Viaje con Don Quijote en 1934. Mann, quien entonces lo comparo a un caballero sin ideales hosco, de character cerrado y desagradable, mientras que Vladimir Nabokov, le acusa u interpreta como de pertenecer a una epoca pasada y pretende ponerle tras los cursos de un punto polémico. Años despues Dominique Aubier afirma que Don Quijote es un libro que se puede leer en dos idiomas a la vez, en castellano y en Hebreo. Afirmando que las letras 'Q'jot' que comprneden a Don Quijote en Arameo significan verdad; proponiendo tambien que la obra se escribió en el marco de una preocupación ecuménica perteneciente al movimiento y la union de todas las iglesias Cristianas. Recordando y acertando que durante dicha epoca España era un pais base, donde por primera ves en la historia del mundo, surgen al encuentro de las tres religiones principales. (Lamentablemente, esta no logro perdurar).

Uno de los principales conflictos que explican y relatan los expertos Cervantistas, consiste en ser que *Don Quijote* no es un solo libro, sino que son dos libros y que la dificultad, se encuentran cuando alguien intenta reducirlas a una unidad de sentido. El loco de 1605, con su celada de cartón y sus patochadas, causa más risa que suspiros, pero el sensato anciano de 1615, exigiendo asi al lector trascender el significado de sus palabras y aventuras mucho más allá de la comicidad primaria de palos y chocarrerías.

Nos encontramos a casi una cuarta parte del siglo XXI y las tendencias dominantes de la crítica literaria aun se agrupan por diversas ramas, dando paso asi a las abundantes interpretaciones panegiristas y discursos filosóficos que se abasan a las criticas del siglo XIX. Muchas de estas formuladas por las interpretaciones esotéricas u, ocultas al sentido cientifico que iniciaron con las obras de Nicolás Díaz de Benjumea al publicar *La Estafeta de Urganda, El Correo del Alquife* y *El Mensaje de Merlín,* en 1861, 1866 y 1875. Siguiendole despues con larga serie de lecturas sin enfoque genial, fue Benjumea, quien identifico al protagonista en Don Quijote con el propio Cervantes, viendole como un libertano republicano. Luego Benigno Pallol, Teodomiro Ibáñez, Feliciano Ortego, Adolfo Saldías y Baldomero Villegas. Sobre todo, con el poder del verbo al centro literario Cervantes propuso al mundo un proyecto cultural para todo el futuro.

La Segunda Parte... Don Quijote (Una Breve Descripcion e, Interpretacion)

La Primera parte de esta obra empieza con un prólogo en el que se burla del presumido conocimiento o, la erudición pedantesca de presumida atitud con unos poemas cómicos, a un estilo de preliminares, compuestos en alabanza de la obra. Informes que el propio autor nos informa que al no encontrar a nadie que quisiera alabar una obra tan extravagante como ésta, del cual nos enteramos por medio de una carta de Lope de Vega. Este en efecto, nos relata y nos indica de una escritura desatada libre de normativas que mezcla lo lírico, lo épico, lo trágico y lo cómico donde estos se entremeten en el desarrollo historico de varios géneros. Ejemplo de estos son *Grisóstomo y la Pastora Marcela, El Curioso Impertinente, La Historia del Cautivo, El Discurso Sobre Las Armas y las Letras, en la Edad de Oro.* La novela describe la primera salida de Don Quijote y su inseparable escudero *'Sancho Panza.'* Alonso Quijano, hidalgo pobre, quien se enloquece leyendo libros de caballerías hasta llegar al punto de creer se, caballero medieval y decide armarse como tal, portando en una venta, que él ve como castillo. Durante su trayectoria suceden todo tipo de cómicas aventureras en las que el personaje principal, es impulsado en el fondo por la bondad y el idealismo, busca desconectarse de injusticias y desfacer entuertos al dedicarse a ayudar a los desfavorecidos y desventurados.

En la segunda parte de la novela, narra la tercera y postrera salida al seguir tras el amor platónico de Dulcinea del Toboso; quien en realidad es una linda moza labradora. Aldonza Lorenzo, el cura local somete la biblioteca de Don Quijote a un expurgo, y quema parte de los libros que le han hecho tanto mal. Su vecino, el bachiller Sansón Carrasco, decide ir a rescatarlo de su locura disfrazado como el Caballero de los Espejos, a fin de

43

derrotarlo y extraerle la promesa de que no vuelva a semejantes desatinados propósitos, pero pierde. Don Quijote lucha contra unos gigantes, que no son otra cosa que molinos de viento. Vela en un bosque donde cree que hay otros gigantes que hacen ruido; aunque, realmente, son sólo los golpes de unos batanes. Tiene otros curiosos incidentes como el acaecido con un vizcaíno pendenciero, con unos rebaños de ovejas, con un hombre que azota a un mozo y con unos monjes benitos que acompañan un ataúd a su sepultura en otra ciudad. Otros cómicos episodios son el del bálsamo de Fierabrás, el de la liberación de los traviesos galeotes; el del Yelmo de Mambrino que cree ver en la bacía de barbero y el de la zapatiesta causada por Maritornes y Don Quijote en la venta, que culmina con el manteamiento de Sancho Panza. Finalmente, imitando a, Amadís de Gaula, decide hacer penitencia en Sierra Morena. Sus vecinos, luego terminan capturando y apresandolo y al fin lo devuelven a su aldea enjaulado, durante la cual todas sus aventuras como amo y escudero mantiene amenas conversaciones entre si que poco a poco, revelan sus personalidades hasta forjar una amistad basada en mutuo respeto.

Durante el prólogo de la segunda parte, notamos que Cervantes se defiende irónicamente de las acusaciones del lopista Avellaneda y repetidamente se lamenta de la dificultad del arte de novelar. Juega con diversos planos de la realidad al incluir, dentro de la novela la edición de la primera parte de *Don Quijote* y posteriormente, la de la apócrifa fingida identidad de la segunda parte, que los personajes habian leído.

Cervantes luego decide defender las inverosimilitudes de la primera parte a lo que es casi imposible y dificil de creer que se ha encontrado en su obra, tal como la misteriosa reaparición del rucio de Sancho, después de ser robado por Ginés de Pasamonte y el destino de los dineros encontrados en una maleta de Sierra Morena y otras.

La obra empieza con el renovado propósito de Don Quijote de volver a las andadas y sus preparativos para ello. Promete una ínsula a su escudero a cambio de su compañía. Ínsula que le otorgan unos duques interesados en burlarse del escudero con el nombre de Barataria. Increíblemente, Sancho demuestra tanto su inteligencia en el gobierno de la ínsula como su carácter pacífico y sencillo. Así, renunciará a un puesto en el que se ve acosado por todo tipo de peligros y por un médico, Pedro Recio, que no le deja tomar agua ni probarse tan solo un bocado. Finalmente, Don Quijote retorna a la cordura, luego se enferma y muere de pena entre la compasión y las lágrimas de todos. Mientras se narra la historia, se entremezclan otras muchas q ue sirven para distraer la atención de las intrigas principales. Tienen lugar las divertidas y amenas conversaciones entre caballero y escudero, en las que se percibe cómo Don Quijote va perdiendo sus ideales progresivamente, influido por Sancho Panza. Va transformándose también su autodenominación, pasando de Caballero de los Leones a Caballero de la Triste Figura. Por el contrario, Sancho Panza va asimilando los ideales de su señor, que se transforman en una idea fija llegar a ser gobernador de una ínsula.

La placa a la entrada de la casa que ocupó el escritor Cervantes en Valladolid entre los años 1604 a 1606 y donde se concidera que haya sido cuna de la publicación de la primera edición de Don Quijote, en 1605, actualmente es hoy un museo.

Con los siguientes temas poeticos tratare de hacerle un homenaje a Miguel de Cervantes Saavedra, cual justifica la rica e incomparable historia de nuestro antiguo idioma Espanol.

POEMAS DEDICADOS A
TU HOMENAJE...

Hasta Los Cielos (conversacion con mi madre, Neva 14/06/29 - 21/02/01.)

Yo no tengo dinero… mas para ti mama traigo solo esta inspiracion
cual suele a ser mas como una simple meditacion del corazon
que os brinda la motividad del Dios eterno
con el cual agradesco al cielo y en este bello dia e intentare redactar te
en musica mi dedicacion… guitarra en mano
y con versos te cantarte esta cancion de alabanzas y gratitud

Gracias a ti mama, aprendi a amar
madre sin tu amor nada hubiese podido lograr sin avansar
gracias por enseñarme a caminar…
gracias te doy por enseñarme las palabras en ingles a pronunciar
mas nunca olvidare decirte cuan respeto semejante tienes
gracias por enseñar me a respetar

Aun recuerdo que siempre me decias
"hijito querido, hijito lindo tu sabes cuanto…
te quiero te quiero mas que a nadie en esta vida."
Te quiero mas cada dia
Mama hoy lucho arduamente por sobresalir minuto a minuto
Y aunque ya no estas aqui con nosotros
mas nunca olvidare y siempre parare, agradecerte y te dre que adoro tu
espiritu dia, a dia.

Recuerdas mama cuando me decias "mijo en la vida has de ti un hombre
de bien, mi gran tesoro… hijo mio siempre recuerda quien es quien…ama
y respeta a tus seres queridos,
que tu corazon sentira lo que es amar aun cuando esta herido."
Entonces yo te contestaba… a ti madre siempre te respetare como alguien
sin igual

Aun recuerdo cuando me decias "no vayas por el camino olvidando y
maltratando a tus sememjantes… your brothers your fellowman." Si eres
un hijo de bien… un buen padre algun dia seras… siempre recuerda que
tu madre a ti nunca te fallara y siempre seras el niño lindo que desde los
cielos muy cerquitita de Dios mama aun te bendecira.

49

Felicidades en tu dia mama...
deseo que todos tus anhelos se cumplen desde los cielos
a lo antes pensar a que tan temprana hora me abandonastes... lo mas
importante es de
que hoy ya no sufres mas problemas del dolor del cancer ni pena alguna.

Todos tus hijos hoy infundidos una ves por su inmadurez desde la cuna
no volveran a olvidarse al pronto realisar que como a ti bella madre solo
existiria una
madre sublime y embellesida siempre seras para mi la unica estrella. siempre
iluminaras mi universo... por eso en tu dia aun llora mi corazon mientras
te escribe este humilde verso.

Tristemente lamenta la madre sola
mientras tanto... escucho en los sollasos de la noche
Dios me dio luz de vida en el paraízo
y cometi un error sin bendicion del cual no quiso
al llevar conmigo a la cama aquel hombre con egoísmo
hermosa pareja cual formabamos al parecer
hoy muy lejos y distanciados al siguiente amanecer

Padre, eterno más me distes el don de ser mujer... el error costo arroparme
y luego pronto cuenta darme que tenia que parir mis hijos con dolor
Hijos cuales frutos en mi vientre formaban nuestro amor...
amor entre el hombre y la mujer que se dejo llevar por culpa de un ser
maligno de egoismo
cuales mentiras perjudicaran esa hembra luego hasta lograr convertirla en
una sufrida mujer

Tendra ella culpa por no obedecer al Dios divino quien solo queria verte
florecer
mas hoy te das cuenta tarde de tu desobediencia... al verte tu misma y
tomar conciencia
al voltear y reconocer que ambos perdieron la inocencia...
pero eras tan solo una mujer... talves culpable por tu proceder
reconoces hoy el saber que no meresces ser atropellada cada vez por un
hombre cruel
tampoco sus canalladas obedecer al entendimiento porque crees ser tan
solo una mujer...
que aun golpeada y violada mas aun no pasa nada... no se toma en cuenta
el derecho ni de hacer valer porque te cree a ti culpable ya que para ellos
eres tan solo una mujer

Culpable es tambien el hombre con quien convives
Recuerda hermano... que como hombre tu tienes vida porque te la ha
brindado una mujer
que tienes frutos por un amor que se deja envolver de tus palabras de
dulsura y proceder... porque ella es tan solo una mujer culpable o inocente

quisas... pero quien merece un trato diferente ante ante este mundo y su gente al proceder...

Sabias tu que existe tan solo un don Divino
que el Dios eterno puso en su camino...
cual divinidad de ser madre solo es el don de la mujer
que con amor hoy trae al mundo y da vida a otro ser
Soy tan solo una mujer envuelta en sus tristes llantos
lamenta la madre sola que aun sufrida lo que nunca podriamos entender
entre sollosos a mediados de la noche aun no los podia contener

Amancer Sonriente

Al amanecer el sol despierta en mis ojos
y lo primero que siento es tu aliento en mi alma
como el lucir tras las montañas que suelen su alegria al salir
frente a las nubes que la esconden tras cada atardecer

Hoy veo entre las noches estrelladas
las danzas sueltas en ritmo de un canto de adas
el coro unido de las alas de aves que han emprendido vuelo con aquel adios
luego llega el amanecer y vuelvo a ver tus ojos que ahora brillan
en mi cielo azul antes oscuro y gris

Como el sol tras las montañas escucho cada mañana
el cantar de las aves que deleitan desde las altas ramas
los arboles que adornan nuestro paisaje cual si fuese un romance celestial

desde mi balcon veo las aguas cristalinas del rio que fluyen hacia el manantial divino
como un obsequio de harmonia que nos brinda el redentor
y al despertar al dia siguiente… nuevamente le doy gracias al Dios eterno por brindarnos
otro nuevo amanecer sonriente a nuestro amor.

Dulce Amanecer en Bendicion

Gentil cariño de aire fresco
cantar de alma viva
entre las tormentas de sueños Griegos
como una flor mi amada tierna y dulce
sonrisa eterna de dulce primavera

la alegria honrada oportunidad
de ofrecerte estos pequeños versos
cual si fuese el romance de la alegre caminata
en una pradera que empuja el deseo y la aficion
de intentar ser como los poetas de aquellos tiempos
talves no con el brillar del oro
la plata… ni tampoco el bling de la platina
diamantino de hoy dia… Damaris

cual humildad en voz que protesta
en defensa de los derechos de aquellos que han perdido
el fortalecimiento de elaborar estos sonetos
con la espera y los deseos de que algun dia
sueñen como si fuesen hechos de finas caobas
no opacas ni mudas pero lisos y afeitados
cual sonido recordarian la música de las marimbas en copan
de nuestros besos amorosos cuando juntos de la mano
caminamos por las callejuelas del Viejo San Juan

bella flor sentimiento de mujer con tu sensual mirada y tu dulce sonrisa
hemos construido un cofre fino en donde conservare por siempre el canto puro
de nuestro amor eterno… tras el pasar de los años
tambien alli sera donde coleccionaremos y protegeremos
las razones establecidas de nuestro dulce amor… dia tras dia, mes tras mes
y año tras año.

Como una flor silvestre me atraes al cariño de aire fresco
entre las tormentas de sueños según
tu nombre al idioma clásico Griego
a quienes les falto añidir a la definitiva
de tantos dones que nuestro Dios y Creador eterno
te obsequio al nacer.

Cuantas veces y muy amenudo frequentemente
me siento a contar los dias y los meses... los minutos y las horas
cuando Dios uniria nuestras almas para siempre con felicidad
he esperado toda mi vida este momento del cual vivo para ti
porque se que tengo la fe y la confiansa que tu amor tambien vive para mi

Cuando niño siempre soñe e, imagine
un cariño tierno y puro como el nuestro que hoy nos llena de felicidad
en cinco meses y dies dias estare esperandote al pie del altar
te esperare con los ojos abiertos anhelando el momento que tanto he añorado
porque Dios bendecira nuestra union eterna y ceremos muy felices
para siempre viviremos llenos de amor.

Arrivastes A Mi Puerto

Llegastes a mi puerto maritimo como una barca
cuyas velas hubiesen roto los vientos de la pasada
tormenta maritima que a los veleros construidos pobremente
sin dificultad alguna las olas suelen siempre hundir

Como marinero de experiencia vaga tome el timon entre mis manos
en preparacion tal si fuese un portaviones de fragata naval
y a la bahia mas segura preserve el calado de tu oleaje
guiados por tres docenas de gaviotas blancas quienes indicaban
el piloteaje que deberiamos de seguir

y desde la capitania con viento en popa
al mar abierto decidimos salir
hoy navegamos juntos de la mano
nadando con los delfines y sobre los cielos aun vemos las gaviotas
quienes aun acompañan nuestra marcha a la par
sin menor temor a los fuertes vientos
vuetros corazones de nuevo enfrentan el ancho mar
Sentados al lado del tranquilo lago creado y forjado en fe

Desde Puerto Nuevo (recuerdos de Newport, RI. con amor)

Tomados de la mano
alma pensamiento y corazon
caminamos por tus calles
enamorados y con sonrisas
llenas de alegria y emocion

sentados en tus playas
disfrutando de tu semblante sol
que en romance con la blanca arena
nuestro Dios bendecia nuestra union

visitamos tus paisajes tratando de entender
tu historia romantica que tras los años
escondia tantos secretos de amor
y en los amplios corredores de tus mansiones
tras el duro marbol pudimos desifrar el antaño
de aquella epoca al meditar sobre el romance y la pasion

Media Noche Asoleada

El misterio de tu amor me mantiene de rodillas
en busca de respuestas a preguntas que temo no poder expresar
mas trato de mantener el enfoque en lo que Dios nos brinda…
no pregunto por lo que no veo cuando volteo y miro a mi alrededor

Tu sonrisa oportuna como si de casualidad
encontrarnos en una calle publica a la orrilla de una acera
en una ciudad donde miles de personas mas a diario solian andar
Caminamos antes en esas mismas calles repetidamente sin tan solo sonreir
el uno al otro
ignorando a nuestra existencia… pero tu volteastes el rostro y me distes
cierta mirada
devolvistes una sonrisa a aquel gentil saludo cuando simplemente te dije hola.

Recientemente me encuentro cada noche de rodillas agradeciendole al
padre eterno por la paz tranquilidad y harmonia que hoy brinda a estos
corazones y a la ves aun trato de comprender en preguntas claras como fue
que nos entregamos el uno al otro sin tan siquiera brindarnos el beneficio
del primer encuentro fisico de nuestros cuerpos al romance vivo
entre aquella media noche asoleada.

Soñar con un paraiso al caminar por la suave arena
de un desierto callado donde el viento suele permanecer en silencio
mientras sigo en busca de un oasis donde talves podría retratar
los conservados secretos de nuestro amor

Romance… como el de tomar tu suave y tierna mano en la mia seguramente avansar
por aquellas arenas Egypsias donde juntos podremos ver la puesta del sol
En Arizona talves aun enamorados… como el de tomar tu rostro y besar tus labios mientras acaricio la primavera de tu piel y tu sensuabilidad de mujer mientras preparas tu baño relajante en te de yerbas frescas y petalos de rosas recién cortadas de nuestro jardín exótico.

En el otoño encendere tus velas aromaticas y reanudaremos la ecencia viva romantica
entre burbujas cristalinas creadas por la suave musica que escuchamos cuando acemos el amor hoy vuelvo a sentir el ritmo ardiente en los latidos de tu corazón como el oir una ves mas tu dulce voz que enciende mi alma como la magia de olas vivas a la orilla del mar son nuestros sueños al amanecer

Una Alegria de Amor

Como poder gritarle al mundo desde el techo
la alegria que hoy llena mi corazon
que a Dios le doy gracias dia tras dia por la bendicion
cuando veo en tus ojos al sentir tu mirada
que tras los vientos del alma me responden con amor

Hoy quisiera gritarle al mundo y expresar certeza
cuan llena mi alma de amor se encuentra
pero me quedo en silencio y aspiro
segundo tras minuto respiro los vientos
del aire puro de amor vivo

En mi ser llevo el secreto en silencio
callo al miedo quisas por gritarle sin recibir respuesta
a los cuatro vientos que soplan al despertar lo que aun siento en el alma
y al reviver cuando me tocas cuando me besas y cuando me dices te quiero

Por las calles nuestros secretos se leen en las vistas de aquellas caras extrañas
cuando nos ven tomados de la mano besandonos amorosamente al revive
nuestra pasion
sonrien como diciendo en silencio que sienten que nuestro amor infectuoso
tambien a ellos les trae infinita felicidad, paz harmonia y una gran alegria
de amor

Estoy enamorado
de una bella dulce cariñosa y sincera mujer
quien a capturado cada celula de mi ser.

Estoy enamorado de alguien
esta ves no parece ser una sola idea de interes
ni un pensamiento que al abrir los ojos
se esfuma como el humo de un cigarillo
tras el viento ajeno y el brillar del diamante
con el cual habian soñado en competencia con
compañeras del sexto grado o en la primaria años atras

Estoy enamorado de la manera en que me abrazas
de la manera cuando me tocas y cuando me besas
de la manera en que me miras y sonries

Estoy enamorado del sentir de tus labios y sin secretos escondidos al mundo
ni ante el Dios eterno me ha indicado que el dia de hoy te diga que te quiero
y que me haces muy feliz...sigo loco pero estoy enamorado de ti.

Mi Futuro Destino

Camina conmigo amor
no te desesperes
camina conmigo al compas de la vida
y acamparemos en el atardecer

Cantemos juntos …brindemos juntos
con gritos de gozo y harmonia
que dando gracias atraeremos mas alegria

Camina conmigo amor
demos gracias por vuestras vidas
no te desesperes dame tu mano… tomad la mia
camina conmigo a un solo ritmo del compas de la vida
y acamparemos al atardecer.

Canto De Tu Enamorado

Candida flor de jardines exoticos
harmoniosa mañana de primavera
rendido a tus pies de amor eterno
mariposa de campo encendida de sol

Embelezado es hoy vuestro mundo
con tu suma belleza que resalta el palpitar
de mi corazon como las olas nauticas a este mariner
inspirado de amor

Habre Los Ojos

Una melodia que da substancia
al aire puro que respiro
presentacion de un violin sin cuerdas
canto que no se escucho.

Ojos perdidos que ahora buscan el destino
desgarre emocional que aun trata de encontrar la luz.
enfocados nos encontramos todos
en el interprete quien canta
mientras ignoramos al compositor.
navegamos en la misma barca
sambullidos en un mismo mar.

Cuan tarde sera cuando escuchamos la inedita melodia
al igual que recordar un nombre en el olvido
como la insistencia en la mente vaga
aun perdida en la oscuridad.

Vivir una vida junto a aquellos que nunca preguntan
cual lealtad se declare como juramento.
Jentil luz encierre del atardecer.

Tentacion asombro
pagina tras pagina leida
que en el camino alumbrara una vida.

Perder sentido a las manos habiertas
oportunidad que se escapa por los dedos
de manera peculiar y deslumbrante
como una vision de la cual no sabras su futuro.

Despertar por un beso genuino y sorprendente.
permanencia lejana como pretendiendo
renunciar a un mundo desconocido
de aquel invierno pausante que lentamente derrite la nieve
cuan larga la distancia mientras se asoma la primavera
sin que nada cambie en el atardecer oscuro
hoy sigo los pasos del empeño tras una vida leal.

Soledad Amarga

Seres perdidos que al final de una larga trajectoria
se dirigen a su hogar
admiro desde lejos a aquel vecino
que junto a su familia
comparten la cena en el comedor
mientras tu como un Cristo sin apostoles
comeras nuevamente solo en tu humilde cocina esta noche

Inocente martir
que corona de espinas has heredado
con tus desventuras podras adornar el arbol desnudo
cual nido hoy vacio… las aves han volado.

Desde lo muy alto de la loma durmiente
admiro el valle cual se extiende
gradualmente por la pendiente del picacho

Cordillera que desaparece
tras las montañas de Norte a Sur
como si vagara en una escalinata verde
pendiente cual se esconde entre la neblina tras pendiente.

Sonrie.
es el nuevo amanecer
luego disfrutaras del sol naciente.

Amor Optimista (cancion balada)

Yo paso la vida pensando, llorando estoy por ti.
despierto por las noches soñando y anorando tu querer.
aquel amor que me jurastes ami, hoy con el viento se esfumo.
aquel amor que me juraste aller, lo llevare con migo al mas alla.

Los dias y noches han pasado, porque te sigo esperando
long days and nights have passed us by
why am I still awaiting your reply

Yo paso la vida rezando, soñando con tu querer
y cuando por las playas voy caminando,
yo te veo a ti mi amor.
Yo siempre imagine que tu serias mi amor,
y no puedo mas vivir sin tu amor.
amor oye mi corazon latir por tu amor.

Long days and nights have passed us by,
why am I still awaiting your reply
Oh, so many dreams have now gone by
why am I still awaiting your return

Oh tu Soldado que empujas el arma
para matar a tu hermano.
a ti amigo que usas palabras crueles
para herir a tu semejante
Oh tu hijo que te rebelas encontra de tus padres.
y tu amigo que peleas con tu hermano

Es que no se detienen a pensar
cuan hermoso el mundo podria ser?
si nos detuviesemos y nos dieramos cuenta que hay amor?

Mira a tu alrededor
ves cuan alegres cantan las aves para nuesro deleite
es porque hay amor... ves los rios que van brillando
con sus aguas cristalinas?
es porque hay amor

Si nos damos cuenta de todo esto
entonces unemonos hermanos
en voz alta gritemos
gracias a Dios por darnos el amor

Pensando en las cosas que atras han quedado
nuestros dias felices; nuestras noches de antaño
la sonrisa y la alegria pendiente de el tejado
mas el recuerdo de aquellos años
en luces de mejores dias a la mar me he lanzado.

Dejando atras tantas alegrias en las notas de aquel dulce pasado
he llegado a estas tierras ajenas enbusca de nuevas aventuras
arrancando desde mis entrañas el recuerdo de mis desventuras

He traido en la mente la esperanza
y la illusion de una nueva vida, esperando alcansar las añoransas
que dentro de mi mente se anidan

Cuantas noches he llorado en desvelo cuantos recuerdos de infancia
todo por alcansar mis anhelos
horas de notas musicales y dulce remembranzas

Atras quedaron tantas illusiones
mi infancia llena de dulce quimera
los recuerdos de mis grandes pasiones
Mi tierra mi escudo y mi bandera.

Pero Dios ha puesto en mi camino
una tierra llena de oportunidades
desde donde trazare mi destino
y empesare a conquistar mis ideales

Esmeralda Whittaker 1986… methodized by Sabas Whittaker © 1991

El Peso del Emigrante

Me siento a la mesa tomando un café
me entristece al pensar cuan profundo dolor y pena
nos causa dejar atras las simples cosas
que aun valiosas tristesas los llantos abrazos y besos
de familiares amistades hoy desaparecidos
al igual que aquella niñes de vuestras raices en recuerdos
hoy difuntos que nunca mas volveremos a obtener

al dejar nuestras tierras... olvidando la patria atras
cuna en la cual nacimos... tras enfrentar el dolor descondido
despierto en las noches largas sin sonrisas ni alegrias
al crusar el desierto y la frontera sin agua fresca
o un joven marino que navega en el ancho mar...
como polisonte descubri a un paisano escondido entre las maquina
y en ves de dejarse aprehender al descubierto se lansa y nada
el ancho, caudeloso y turbulento Mississippi tratando crusar al otro lado del rio

Arrodillados al igual estamos en oracion sorprendido que
aun reso por los iresponsables corruptos tiranos
quienes vendieron nuestra libertad humana... estrangulando el aire fresco
mientras se cagaron sobre las posibilidad alguna de una competencia economica

Por unas cuantas simples piesas de plata como el Judas a nuestro redentor
desperdiciando nuestro futuro y la esperanza de tus hijos al exterior
y exponiendolos todos a cual extrema pobresa en la que hoy vive y navega
mi gente dia a dia
en las casas de carton suelo de barro sucio y una escoba aun de malba
hoy al igual que en aquel pasado no lejano aun se me es dificil de entender

Como emigrante supe lo que es sufrir la pena y el hambre
pero aprendi a no llorar en silencio... si no a luchar
y a enfrentar aquel dolor en carne viva
A como sobresalir en tierras ajenas de un language y religion desconocido
donde nadie me escucha y todos pretenden no entender mis pensamientos
sus ignorancias sobre mi persona y mi cultura para mi fue una gran bendicion

el descubrir la espera de mejores dias prometidos en oracion
dedicado a la ardua lucha contra la ignorancia e intolerancia
lo jusgue todo por ganar a cualquier costo y encontrar esa estimacion

Hoy aqui sufren mis hermanos talves en un lugar desconocido
donde se esconden por lo mismo tanto su tragedia al igual
lansado al mar abierto en playas desconocidas
desesperadas jornadas y largas trayectorias por el desierto
sin amigos ni familiares la realidad en vuestras caras aun se leen claras
indicaciones de que hemos perdido el nombre y nuestra cultura
dia tras dia aun nos mantendremos hoy sin nacion
dando gracias nuestros gobernantes quienes cantan en voz alta

"Bienvenidos sean las malditas remesas por las cuales aun sufren los
mojados… como gobernador y alcalde del pueblo hoy me compre una
camionata tipo pick up con la plata que mando el carajillo ese de la esquina.
Que va… no recuerdo su nombre… que importa si nunca lo supe.
Lo importante es que mande esos dollares pa que su mama los cambie en
mi trucha."
Pero quien llora me pregunto mis hermanos, quien llora con sinceridad
mientras como marinos de aprendisaje navegamos en el ancho mar
aun hoy dia todavia nadie en el barrio lamenta tu inocencia hoy vaga y perdida

Ya No Te Tengo

Nuestro amor es cual
la debil luz de una lampara
donde se agota el aceite
y esta lentamente se apaga

Una vez alumbrastes mi vida
me distes el amor, la dicha y la gloria

Nos amamos;
cual fragiles mariposas,
atraidas por el perfume de las rosas.
Al igual que el iman atrae a los metales,
como el agua atrae al sediento
y el pan trae de arrastras al hambriento.

Mas sin emgargo ahora cuanta tristesa,
pues porque ya no te tengo.

Estoy Pensando En Ti

Estoy llorando es cierto
pero no es de dicha tampoco es de felicidad
Estoy llorando es cierto… estoy pensando en ti
en tu amor en tus caricias y en tus besos
estoy pensando en ti

Recordando aquellos tiempos,
cuanta felicidad cuanto amor

Estoy pensando en ti esta noche
como en las noches aquellas
cuando aun te tenia
Pero no importa sabes
si aun me queda el savor
de tus besos y el calor de tu cuerpo

Estoy pensando en ti como en antaño
cuando el sol calentaba y el viento a mi popa soplaba

Estoy pensando en ti vida mia
aun despues de mi muerte y aun alla en el infinito
por siempre y para siempre estoy pensando en ti

Sin Palabras

Sin decir una palabra
me dijistes te quiero
Sin decir una palabra
te dije yo tambien

Sin decir una palabra
nos amamos los dos
y ahora sin palabras
me dices adios

Algun Dia Me Querras

Al mirar tu rostro contemplo esa mirada
calida y tranquila

Pienso que no me quieres
todavia pero he de insistir
hasta que aceptes

Si es que tengo que esperar
esperare hasta el dia
del juicio final

Si en el camino
la muerte me sorprende
uan asi estare esperandote
en el mas alla

El Amor

Que facil es decir te quiero
dificil es querer como te quiero
amar y ser amado

Sentir el latir de dos corazones
el calor de tu cuerpo
el tibio aliento de tu boca
y la respiracion profunda de tu pecho

Como definir esto que siento
si es tan divino, tan puro
y tan verdadero

Es como el nacer de un dia
lleno de sol
como la llegada de la primavera
despues del frio invierno

Como una noche estrellada
despues de los rallos y tormenta

Divino amor, canto celestial
ingeniosa inspiracion
dado al Dios todo poderoso
para crear en este mundo
el amor

Ya No Eres Mia

Te acuerdas cuando juntos caminabamos sin sentir cansancio
Cuando en las playas nuestras pizadas se confundian en las arenas.
Cuando nuestra cancion era la misma y vuestros corazones palpitaban a
un mismo ritmo
mas ahora que lejano esta todo y vuestra cancion no es la misma

Te acuerdas cuando nuestros labios se unian en un solo beso
cuando nuestros cuerpos sentian la misma cascada de felicidad

Mas ahora que lejano esta todo, tus besos ya no son mios
vuestros corazones hoy palpitan a distintos ritmos
y tu cuerpo al igual que las playas
llasen bañadas por distintas olas

Ya no eres mia, ya no te tengo
Oh Dios, te he perdido y ese amor infinito
que un dia crei eterno, se ha esfumado
hoy, mi alma muere de pesar
porque ya no eres mia

Olvido

Pensar cuanto te quise
y ver que ya no te quiero.
Tu amor fue para mi
lo mas grande, lo mas puro,
lo mas divino.

Todo se esfumo.
Como el humo de un cigarrillo
al elevarse al cielo,
al igual que el despertar
de un hermoso sueño.

Amor que se derrumbo
como un castillode naipes
ante un leve soplo de viento.

Tu amor fue para mi
lo mas grande, lo mas puro
lo mas divino

Desaparecio como el caer del telon
al finalisar la funsion de una obra.
Y ahora me pregunto
Porque te quise tanto
porque ya no te quiero
Quiza es porque se olvidar
con la misma intensidad
en que te supe amar.

Sed

Como un desierto solitario
mi corazon se encuentra
como una tumba fria
ha quedado el alma mia

El dolor atravieza mi pecho
como un puñal de acero
un penacho de desiluciones
destroza mi cuerpo hueso por hueso

Un torbellino de pasiones muertas
hace que mi cuerpo languidezca

Tengo sed, pero el agua no la calma
es la sed de amarte que me consume
sed de sentirme cerca de tus labios
y que tus besos mis pasiones calmen
bajo el sol ardiente de tu mirar punzante

Siento deseos de gritar tu nombre
mas las palabras, se ahogan en mi garganta
porque siento que mis gritos se perderian en la noche calma
tengo sed.

Romance Del Amor Imposible

El amor es una tristeza
es como una adivinanza
Llega como una tormenta y se aleja como una barca
dominada por la marea de ciega fuerza que la arrastra

Amor. Mujer... lagrima viva!
Profunda herida que no mata, juramento que no se cumple
miraje azul de rosa nautica
Clara fontana en que navegan los remolinos de mis deseos
que se encuentran en la carne

Un cuarto oscuro de suplicios, besos de fuego en el silencio
sentir lo fragil de su entrega oir sus llantos de loca rabia
tras la muralla una neblina
Oh es, su fingida indiferencia

Mujer, Amor grito deshecho
en manantiales de tormento
la ansia cruel de sacrificio
petrificado en el deseo!

Mistica luz que rasga el tenue
velo nupcial de la mañana en el atardecer del arrebol
que gesta voces de misterios
y prende aromas en el viento

De este amor imposible
a quien hare yo responsible?
talvez a la casualidad que nos unio

Mi Rival

Entre tu amor y el mio existe un rival
tan grande y poderoso
que el fuego de mis caricias
no lo ha podido apagar.

Te hiso olvidar el sabor de mis besos
y el calor de mi cuerpo
por el te olvidastes
de las noches aquellas
cuando juntos nuestros cuerpos
se unian hasta el alba

En cambio odiar a mi rival no puedo
sin embargo, debo bendecir su nombre
y sus plantas besar
porque al preferirlo a el preferistes amar
a toda la humanidad

Aunque ya por mi
no sientas ese amor frio sucio y carnal
Hoy se que me amas
mas que antes
cuando me pudistes amar

Porque ese rival que tanto te ha cambiado
es el Dios del calvario
Bendito seas oh noble y santo rival

Quiero Volver A Vivir

Sentado mirando al cielo
desde mi balcon
Le pregunto al Dios eterno en oracion
Padre… en donde andara mi corazon?

Un corazon que por años te entregue
sin condicion ni recelos
y hoy se ha marchado
dejando un engaño

Señor… hoy a ti te pregunto porque
Porque se fue… porque se ha marchado
dejando tan grande la herida
y destruyendo asi mi vida
que hoy ha quedado completamente vacia

Aun estoy mirando hacia el cielo
desde mi baclon
En sueños alguna ave
retornara mi corazon

Dile Señor que devuelva a mi vida ese amor
Solo quiero volver a vivir feliz, talves sin rencor

Que Debo Hacer (balada)

Me contaron por alli de ti
que tu no eras para mi
Mis amigos me decian a mi
que me romperias el corazon

Mas yo no podia creerles y me enamore de ti
yo crei en tus sentimientos y que tu amor era real

Hoy dime y dime que debo hacer para olvidarme de ti
si en mi mente se que te vas

Que voy a hacer para olvidar este amor
que aun esta en mi corazoon

Locura fue quererte tanto a ti
y me enrede en tu falsedad
Me huviera marchado de una ves de ti
pero me enciego el amor

Yo no queria creerlo
y en tu trampa fui a caer
yo crei que tu serias sincera
que tu mirada y tu sonrisa era fiel

Hoy dime que voy a hacer
para olvidarme de ti
si se bien que te marchras
Y dime que, que voy a hacer
para olvidar este amor
que aun esta en mi corazon

Song translated for BESO Music
by Sabas Whittaker
4/18/93

Solo Mi Corazon (balada)

Sabra my corazon
cuanto te quiero a ti
Me pregunto como hacer
para ganar tu corazon

Y al llegar la noche no
puedo dormir pensando enti
hoy doy gracias al creador
que nuestras almas unira
y por la felicidad
que has puesto tu en mi corazon

Aun llevo el sabor
de el primer beso que te di
siempre lo guardare
muy cerca de my corazon
Mas que feliz sere
cuando a mi lado regresaras

Yo solo en sueños vi
a una mujer tan especial
para compartir mi vida
y llenar sus sueños
con tanto amor
Ella eres tu-uh-uh ,-uh-uh.

hablado / rap
Solo mi corazon sabe cuanto significas para mi
y quan grande es mi amor pro ti... hoy le pido a Dios de rodillas
que me de ideas para demostrarte de mil maneras quanto te quiero
y agradecerle por lo feliz que me hace sentir con solo pensar en ti

Porque solo Dios sabe quanto he rezado y lo mucho que he esperado
por el dia, en que vuestras almas se unirian y poder gritarle
a los cuatro vientos... amor, te quiero amor, te adoro.

Amor Optimista

Yo paso la vida pensando llorando estoy por ti
despierto por las noches sonando y anorando tu querer
Aquel amor que me jurastes, hoy con el viento se esfumo
Aquel amor que me juraste aller, lo llevare con migo al mas alla

Los dias y noches han pasado y porque te sigo esperando?
Long days and nights have passed us by...
why am I still awaiting your reply?

Yo paso la vida rezando, sonando con tu querer
Y cuando por las playas voy caminando te veo a ti mi amor
Yo siempre imagine que tu serias mi amor
yo no puedo mas vivir sin tu amor
Amor oye mi corazon latir por tu amor

Long days and nights have passed us by
why am I still awaiting your reply?
Oh, so many dreams have now gone by
Why I am still awaiting your return?

No Abandones La Lucha

Cuando tu mundo se derrumba
como a veces pasara
y el camino que caminas
lleno de piedras encontras

Cuando las deudas sobre escalan el presupuesto
y el salario no te da
has tratado de sonreir
pero el llanto inunda tu semblanza.
no abandones la lucha y sigue con la alabanza
que triunfante saldras

Si sientes que la salud abandona tu cuerpo
y agotado ahora estas
descansa si debes mas no dejes de luchar
ya versa que triunfaras

En el camino de la vida hay muchas curvas
que solo con experiencia los años los duros golpes
talves aprenderas

Muchos han fracasado
cuando pudiesen haber sido triunfantes
si hubiesen resistido un instante mas
Avanza si… sigue la lucha aunque a pazo lento
porque poco a poco muy lejos llegaras

Mas nunca digas me voy y los dejo
porque el triunfar significa el haber fracasado
una ves la nube gris halla pasado

Mas no importa cuantos golpes la vida te haya dado
manten la mente en alta y continua con tu lucha
porque cuando la paliza ceda muy triunfante seras

La Promesa

Como esconder las lagrimas un minuto mas
cuando me siento ahogar de emocion
Como estrecharte la mano
si nos encontramos a millas de distancia
Como entender tus penas... cuando no puedo sobre pasar las mias?

Amiga... no tenia que ser de tal manera
tu prometistes estar alli y juntos envejecer
me prometistes contestar todas mis preguntas
y juntos desifrarlas las respuestas con entendimiento
Mas veo que aun no hemos envejesido pero te has marchado

Como llenar esta vacio que dejastes al marcharte
como poder retener todo aquello que me has dado
el cual se me escapa rapido como agua entre mis dedos
sin tener tiempo suficiente para retener
el como sobre vivir en mi propio egoismo
sin temor a la muerte

No hubiese sido de tal manera
porque prometistes estar a mi lado y juntos envejecer
en ti puse mis espreranzas mientras jurabas
contestar todas mis preguntas y que desifrarias con exactitud
el rumbo que deberiamos tomar... hoy si caminamos juntos
seria porque en realidad estamos encegados

El Rescate

Rescatame de las entrañas de la bestia
aunque auyando pataleando gritando
llamando duro en voz alta
al silencio en las media noches
esperando encontrar la paz

Sin embargo la guerra en retorno
buscamos una ves liberados
sin anhelos de cosechar la paz
y tratar de brindarle amor a vuestra hermandad

Rescatame de estas entrañas
que me sujetan como cadenas invisibles
del pasado y devuelveme el deseo de morar libremente
en mi propia piel morena trigueña
y en mi propia carne viva

Un corazon que revive en memoria
en busca de los instrumentos utilesados en las milpas y jardines
que usaron mis abuelos para arar, remover y cultivar la tierra
la historia viva entre recuerdos de las siembras y cosechas naturales
y organicas de nuestros antepasados.

La mescla del abono hecho de hojas aserrin, cenisas, verduras y plantas
El estiercol de caballo le daban un verdadero significado to ashes to ashes
And dust to dust

Recordando los dias Domingos con mi abuelita Irene
en su retorno a casa despues de salir de la iglesia
y nos preparaba las meriendaso el almuerzo con tanto orgullo
en esos tiempos de antes cuando existia la fuerte uion familiar
generaciones, tras generaciones pasadas compartian la energia en rotacion
esferica
al formar una reunion espiritual e invitar a la mesa las almas de nuestros
bisabuelos
para alimentarse de los recordatorios que antes permanecian dormidos

Como un pajaro cual alas rotas volando
entran del frio en busca de la calma
reposan mientras reparamos sus alas
y les afilamos el pico como defensas de un future en proteger

los abuelos guian nuestra trayectoria aun no completa
con sus fuertes manos en oracion
y nos protegen en el transcurso de distancias largas
que aun nos faltan por cubrir
mientras en estas tierras ajenas extrañas
llenas de espantos y humillaciones

Aun a lo lejos de nuestras cunas
compartimos el pan nuetro de cada dia
en los lugares mas sagrados

del cielo nos dan su bendicion
sueñan las lagrimas al rodar por vuetros rostros
como el queriendo recordar en memoria viva
el si podemos, si podemos
entonar un si se puede de nuestras gargantas aun ardientes
despues de tanto gritar para lograr ser escuchados tras la injusticia

Media Noche Asoleada

El misterio de su amor me mantiene de rodillas
ando en busca de respuestas a preguntas
que aun temo no poder expresar

sinembargo mantengo mi enfoque en lo que Dios nos brinda
no trato de poner en question alguna
lo que mis ojos no ven
ni mi alma siente cuando volteo a mis alrededores

Tu sonrisa... sorpresa de oportunidad de encontrarnos en esa calle
en aquella acera extraña en donde miles de peatones a diario caminan
sin siquiera verse a los ojos y sonreirse el uno al otro
sin embargo te vi, te te entendi ... te sonrei y me sonreistes
volteastes el rostro y me devolvistes la mirada con una sonrisa sensual y
penetrante
fue entonces que nos dirigimos palabra alguna
en un dulce hola por primera ves

De rodillas cada noche le doy gracias a Dios
por la paz tranquilidad y la harmonia en mi corazon
mas no me preguntare jamas ni tratare de comprender
como fue que te entregue el Corazon sin ni siquiera
brindarnos el beneficio... del primer encuentro fisico
romance de el amor un milagro una coneccion espiritual harmoniosa

Romance Del Milenio

Soñar con un paraizo
al caminar en la suave arena del desierto
en busca de aquel oasis donde conservamos nuestro secreto

Romance
Tomar tu suave y tierna mano en la mia
y avansar por esas arenas Egipsias
donde juntos podremos ver el amanecer
la puesta del sol y el nacer de un nuevo centenario
el nuevo milenio

Tomar tu rostro y besar tus labios
acariciar tu piel y tu sensualidad de mujer
mientras te preparo un baño relajante y aromatico

Encenderte velas de escencia y aroma
de burbujas cristalinas
a la suave musica que escucharemos
cuando hacemos el amor

Sentir el ritmo ardiente
en los latidos de tu corazon
y escuchar tu dulce voz
que enciende mi alma como magia del amanecer

Tu Aliento Llevo Dentro De Mi

Al atardecer mi sol se opone en lo alto
y de nuevo veo tu silueta entre las sombras
distingo tu cuerpo femenino
y siento tu aliento de mujer

Al oscurecer enciendo una vela
vuelvo a acariciar tus sueños
y el escuchar de tus sonidos suaves
que penetran mi mente como aguas cristalinas
mientras beso tus pechos y acaricio tu piel morena

De nuevo me lleno de emocion
al ver tus labios apasionados
cuando me besas siento un leve movimiento
de canciones romanticas
cerenata de aquel interprete
quien te dedica tus melodias favoritas
atraves del saxofono

En silencio limpio las lagrimas
que inundan mi rostro
manchando de color azul
las paginas de aquella carta de amor
que empese a redactor esta mañana
aun distante… escucho el palpitar de tu corazon
porque tu aliento desde hoy vivira dentro de mi por infinito

El Amor Es La Llave Espiritual

Pronto llegara el dia cuando realizes
que en donde te encuentras en el presente
realmente no es donde deseas estar espiritualmente

en ese mismo instante te daras cuenta de que nada anda mal en tu vida
mas sin embargo aun pensaras de que nada anda bien...
que aun no estas en aquel espacio donde te sientes bien
donde puedes estar tranquilo... mente alma y corazon

Llegaras a esa temporada a ese lugar y sentiras la experiencia fria...
esa expereincia que hoy le llamaremos la de aquel mientras tanto
pronto llegara el dia que notaras que no importara cuanto has echo
cuando ya has hecho todo lo que has podido hacer
y has tratado de cubrir todas las maneras que hubiesen podido haber sido
posibles de cubrir
has dolido y has sentido todos los dolores que hubieses podido sentir

Te encontraras cansado y rendido y aun no habras encontrado una salida
seguiras en busca de lo que no tienes ni la menor idea que podra ser...
me refiero al amor

Y el amor se refiere a ti
Se refiere a lo que piensas a lo que sientes a lo que sabes
y a lo que no sospechas de tu mismo como persona

Mientras tanto te encontraras aprendiendo creciendo espiritualmente
soñando y recordando todo aquello que nesecitas aprender sobre el amor
el amor cual es aquella llave de tu Corazon... la llave de tu espiritu
abierto para compartir y aprender... porque el amor es mas que una
reunion incondicional

Feliz Cumpleaños America

Patria del sol naciente, con mares que banan tus costas del Este a Oeste
entre la cuna de ilustres ejemplares de la historia, la calma la y paz yo
encontre
en tus calurosos brazos abiertos cual me estrechastes en tus calidas manos
eranse en aquellos tiempos que me aceptastes cual si yo fuese sido tu hijo natal
me adoptastes sin hacer preguntas, sin jusgar mis deseos y sin duduar de
mi identidad
al adoptarme me abrigastes y sin hacer preguntas, luego habristes tu cocina
y tus bodegas
de empleo para darme de bebber y de comer

Me brindastes oportunidades de studio aun lejanos a la imaginacion
de este pobre y despojado emigrante y en tu lecho vistes nacer a mis hijos
aquien tambien me brindastes la oportunidad de ver crecer.
Hoy te pido de rodillas y en voz alta pero humillada ante el sufrimiento
el arduo y duro sufrimento cual cae como yugo en la cruda piel de mis
hermanos indocumentados.

Que tengas misericordia del sufrimiento de aquellos hijos
que ven al padre salir de casa en las mañanas a ganarse el pan de cada dia
sin saber si tendra la oportunidad de regresar a casa, estrechar entre sus
brazos a aquella niña quien aun hoy duda de poder ver a sus hijos crecer

America la bella patria mia gracias te doy, en esta 4 de Julio, dia de tus
cumpleaños
Dios te bendiga hoy en tus mañanitas mi oracion es para que como pueblo
tu siempre
continuras creciendo... America... mi patria nueva tierra querida

Dios Te Bendiga America

Arribe a tu puerto maritimo unos años atras enambrientado
los labios secos como un naufrago confundido y adolorido
por los duros golpes de la vida secuestrado a la corta edad de 14 anos
por los corruptos e injustos militares ambrientos, solo interesados en carne
fresca de cañon
para luego su cupo reemplazar.

Matando haci de una sola puñalada todo el respeto amor y cariño
que siempre tuve a la tierra y cuna verde en donde naci
Arrive casi arastrando los pasos y los deseos soplando por el mar abierto
que trasforman
mi mente vaga tras los sueños casi rendidos del cuerpo arasado y mis
derechos violados
en la Honduras que desde niño siempre admire, respete y adore

America mi querida patria
fuistes tu quien me levantastes entre tus brazos
fuistes tu quien limpio mis profundas heridas
fuistes que me educates y defendistes mis honores
al reinyectarme nucvamente los derechos civiles cual defender
repetidamente violados del suelo suelo patrio
fuistes tu quien me enseño a ser un hombre
fuistes tu que me brindastes oportunidades para crecer
fuistes tu quien a mis hijos les distes un buen padre
fuistes tu America quien en realidad me dio la independencia
fuistes tu que me enseñastes alcanzar mis sueños
fuistes tu quien me abristes las puertas del futuro
fuistes tu America quien me brindo la libertad
fuistes tu la cual salio el renacimiento de mi fee n la humanidad

Y fueron tus hijos mis hermanos quienes sonreian
como suelen sonreir los hermanos cuando su madre
alimenta abriga y ama a un niño necesitado
Que Dios te bendiga hoy y siempre America… fuistes tu
America… fuistes tu quien me rescato y me salvo del suelo caido donde dormia

Fuerte Patria Brava

El 4 de Julio de 1776
año de tu independencia
el dia en que Dios te vio nacer
libre por fin del imperio
quien tu garganta ahoga
con el retorcer de la bota Inglesa
puesta en tu cuello... cual pescueso torcido

Verguenza han vivido tus hijos
por la sangre inocente del esclavo
derramada entre tus bosques
tus playas y tus rios al bañar

Con pena el razismo vestistes y ni pretendistes llorar
a los negros inhumanamente ultrajados
traidos de Tierras lejanas y reducidos a la nada
mientras que otros se beneficiaban de sus sudor
no vi tus lagrimas caer ante el trato pesimo de mis hermanos Borinqueños
al igual que el sudor de mis primos hermanos Latinos emigrantes de
inocentes Musulmanes
todos ellos con fuertes sueños de esperanza aun buscan la paz en el sudor
de tu amanecer

Desde las orillas del rio, veo renacer entre tus montañas entre la neblina el
arrebol de índices finjidos de fe... y aun espero que un dia llegue el cambio
cuando todos juntos enorgullecidos
tambien podamos decir como hoy en grito... feliz dia de independencia
mi fuerte patria brava muy orgullosa y decente, America ante Dios y ante
el hombre

Como poder llorarle al mundo
y comunicarle en voz alta
cuan ardua y dura a sido la vida en esta lucha
para hacerles creer en la trayectoria
y talves poder entender los pasos largos de la jornada
tras oidos sordos a las ideas de los pasillos solitarios
donde el sol nunca se asoma y el aire siempre huele rancio

Mi fe siempre puesto firme con la esperanza
de que un dia Dios bendiciera los caminos rayos del sol naciente
tras mantener firme la promesa del buen pastor de remover lo opaco
traer oportunidad a que la luz penetre
y asi aprender a tener paciencia en voluntad

Te Presentare Al Espiritu De Mis Padres

Sin poder tocar el amanecer
la noche de la aurora tierna y triste
ante la madre tierra quien leia las virtuosas
paginas como ladrillos mojados
por el agua que cae como llovisna
de los rios de mi querido Puerto Cortes

tratando una ves mas alcansar los antaños
de mi cuna naciente educacional que me abrigaba
con esperanzas literarias académicas desde San Pedro Sula
Puerto Cortes a Puerto Rico
al perseguir la trayectoria de tus lindo ojos
fijos y haciendo contacto por primera ves con amor a los libros

Desde mi dulce y lindo puerto querido
donde las estrellas de Humacao me indican
el color de tu piel de trigo y el besar tus labios
que por tus besos mi alma ahora ya no vaga
como un herido por las calles ni los parques vacios

Arrastrando la arena blanca de las playas
para demostrarle a aquellos el fruto de mis sudores
porque comprendi que he encontrado amor
hoy solo espero poder un dia regresar a mi Honduras querida
y orgullosamente presentarte a la memoria de mis padres
aunque ambos de ellos hoy fallecidos presienten la alegría del corazon
al darle gracias en oracion al Dios eterno por nuestro amor
y las cosechas de los frutos allegados a la vida

Aunque ambos de ellos hoy difuntos
sus espiritus aun viven y navegan junto a Dios
tras las montañas donde un dia ellos tambien en sueños
caminaron enamorados juntos de la mano
te presentare a los rios y a los mares conquistados
por mis abuelos quienes como en forma de ave
vuelan sobre las cordilleras los difuntos pajarillos

Como aquel manatial que baña las piñeras
que se extienden por la cordillera Merendon
al aterrisar me guiare por los recuerdos tras la mescla
del olor a café pino caoba naranjas, piñas frescas, mangos
en su musica y sus canciones los canta autores Hondureños
indican que el pescado siempre es fresco en el balneario de la orilla de la
famosas playas de Masca, Travecia, Bajamar, Cortes y la bella Tela

Buscando Encontrar La Felicidad Tras La Estabilidad Economica

En el alto mar perdido naufrago
como la espuma blanca de las olas durmientes
buscando tus labios sedientos
hoy callados al susurro

Escuche la lluvia llorando dormida y perdida
aun ocultando graves heridas de la vida
que desde lejos me parecia mucho a la nada
el querer acercarme mas como la tierra a las raices
pude entender el escuchar el grito desconocido
bajo los llantos escondidos los golpes
muerta en vida la pobre mujer… aun sin comprender
porque.

Para despertar año tras año del sueño perdido
y esconderme de nuevo en el bosque frio
tras los arboles pude comprender su resolucion
hoy me pregunto tras la factura que abrio los pasos para sentir
el olfato de su canto que penetraba como raices
desenterrando mi infancia… capa tras capa y hasta el fin pude desenvolver
aquel paquete sellado tras los años que aun contenia mi felicidad
leer y comprender la desemvoltura de aquellas piedras San Pedranas
cuales cortan los descalsos pies de aquel desamparado niño callejero
el nevegar en vuelo de sueños con viento en popa del sol naciente
por los swampos durmientes hasta llegar a las escondidas y olvidadas playas
perdidos
y encontrar el refugio aun tan buscado como piratas clasicos en Puerto Cortes

Hoy volveré a navegar los anchos océanos como las gaviotas en busca de
alimentos
para mis hermanos que aun se mantienen con desafortuno y del nido aun
no han volado

Sueño De Realidad

Gentil cariño de aire fresco
caminata entre tormentas de sueños Griegos
amada tierna y dulce melodia del mañana
lectura de poemas clasicos al atardecer

Con la alegria de ofrecerte estos pequeños versos
despiertas cual jovial sentido de esmeraldas
en la pradera tus pinos nos cantan
como si fuesen pajaros coloridos
motivados por la aficion de intentar ser
como los poetas de aquellos tiempos
no muy lejanos retornan hoy dia
sus nidos aun vacios

Alimentados por la humildad y el deseo
de crear y elaborar nuevos sonetos
en espera del corazon que aun sueña con la esperanza
de que un dia lleguen a hacer la realidad
como las finas caobas y los robustos cedros
que alimentados por la tierra santa
me iluminan las opacas esperanzas mudas
que aller aparecen lisos y afeitados con la fe enterrada
en el nuevo amanecer de hoy nutridos por el sonido de la musica
cual siendo enviada desde los cielos y protegida por angeles
quienes aun recuerdan vagamente el reactivar de sus raices
injectan con nuestros besos juntos el despertar de una suave llovisna

De la mano caminabamos por la pendiente de la pradera
en las callesuelas del historico Valle de Sula... al tacto de la Orquidea brazabola
que por las noches indica en sueños aquel recorrido del Viejo San Juan
fue tu sensual mirada cual me invito a construir una nueva vida
como si de un cofre fino apareciera la concervada harmonia del canto puro
de nuestro amor eterno como un cariño de aire fresco
que sobrevive las tormentas de amargas pesadillas Griegos
hoy agradecidos por tantos dones que el Creador eterno
como un regalo de bodas y obsequio en su brindis como un sueño de realidad
del dia Diciembre 02

Como de manera que todos podamos
convivir juntos con exitos de harmonia entre las razas humanas
aprender a respetar y entender las diversidades que existe
entre los unos y otros... hermandad y amor al projimo

Para ya de pensar en el color de mi piel... en el sexo de aquella feliz pareja
o en la religion de aquel ser que dia tras dia ante Dios reza por la paz
sin recordar que nuestro creador eterno supo amarnos a todos
y en su palabra nos indica sin importarle cual sea vuestra diversidad o
situacion migratoria

El alma de nuestro Señor se llena de luto cuando nos ve pelear
y cuando nos matamos entre nosotros mismos... hermanos
si buscamos diferencias entre vuestro projimo lo encontraremos
al igual podremos encontrar un parentesco similar de amor entre las
multitudes si la buscamos
al igual que en el colorido de las flores y el olor de las rosas cual juntos
abundan los jardines

La voluntad de Dios es que nos amemos los unos a los otros sin condicion
alguna
porque al igual que existe la sabiduria tambien existe la experiencia en edad
en ella podras encontrar conocimiento si amas... te daras la oportunidad
de crecer
de aprender a volar con orgullo entre las multitudes... el amor a Dios te elevara

Nuestro mundo esta compuesto con los colores del Arco Iris
colores tan diferentes como los del dia y la noche
pero es esta diferencia la misma que puede acercarnos mas al amor
para amar a nuestros semejantes y engrandecer a nuestras vidas

Hermanos sin fronteras ni recelos... como emigrantes todos
tan pronto comprendemos que todos somos hijos de Dios
y que todos gozamos de la misma preciocidad en su luz
vuestros corazones entonces se llenaran de paz...

la abundancia de gozo iluminara nuestras almas
al indicar recordaremos que las fronteras son imaginarias
para asi poder entender que todos somos tus hijos
como hijos todos tenemos derecho al amor de Dios

Desde el pico mas alto de la loma durmiente
cual fuese el altar del mar perdido
medito con ojos cerrados al ver el contemplar de las olas
busco tus labios sedientos callados por el susuro
y aun sordo escucho la lluvia llorando
como si perdida entre las altas pendientes

Tratando de ocultar las graves heridas
que me han causado los latigos de la vida dura
el razismo vivo y los celos de mis propios hermanos vagos
desde lojos contemplo las apariencias no sinceras
y me acerco de nuevo como la tierra cruda

tratando de entender lo incensato
y desde la tumba de mi madre escucho el grito desconocido
para de nuevo despertar del sueño perdido en un bosque desconocido
es entonces cuando siento por primera ves el aliento de tu canto
que penetra la dura y reseca tierra como raices desenterrando mi infancia
para por fin brindarle aquella felicidad que aun desconocida aun fuese tan
esperada.

Dando Gracias Al Amor

La luz del fuego ardiente de mi corazon
hoy brilla como la luna del jardin asoleado en secreto
iluminando el punsante dolor que tras los años han dejado sicatrices

En tu amor descubri las suaves caricias de tus manos puras
suaves como la paz esperada que al abrir los ojos
de nuevo pude lograr ver el sol naciente que se esconde tras el dolor
se hubiese un continuo desnublado

Como el despertar de cada mañana
donde el resplendor del sol es como un baño nuevo de amor
al Dios eterno en oracion que tras los años seguira vivo
como la luz del fuego del sol en secreto hoy al descubierto
al darle gracias por la felicidad

Bendicion Esperada

Desdichas hoy desaparecidas
tras los años perseguian mis pasos
desde Enero a Diciembre
arecostado en mi lecho
cual fuese una cama blanca tal como la nieve
escondidos de la sociedad de seis a nueve
y amanecer a la adoracion del mañana viendo tus ojos
que hoy se establecen en mi cielo como las estrellas
que dan brillo a nuestro cielo azul

La dicha de saber que nuestro amor crece dia a dia
como una bendicion tan esperada por la cual hoy
doy gracias por todos los sufrimientos encontrados
que años antes me dieron luz

Continuacion De La Historia Y Origen
De La Lengua Española

Los primeros textos escritos en el idioma Español fueron las glosas de San Millán y de Silos y fueron escritas o registradas con anotaciones al margen de manuscritos, razon por la cual se les llamaron glosas. El manuscrito de San Millán contiene homilías o sermones de San Agustín, y el de Silos cual es una especie de recetario y penitencias, ambos fueron escritos en latín. Se cree que probablemente un estudiante de latín, segun explica el glosó dando significado a algunas partes del texto original... notando asi la importancia que las glosas las escribió en una lengua romantica; conocida en ese entonces como una especie de castellano antiguo. Estas glosas también son reconocidas como *'emilianenses' milán, silenses o, silos* que se registran como datos del siglo XII.

Las glosas pasadas indican un mensaje fundamentalmente religioso, que como por indicado casi siempre cita un pasaje de las glosas emilianenses, donde el glosador se extiende más allá de lo que revela el manuscrito original. Ejemplo de estas son las siguientes "cono adjutorio de nuestro dueno, dueno Christo, dueno Salbatore, qual dueno yet ena honore, e qual duenno ténet ela mandatjone cono Patre, cono Spíritu Sancto, enos siéculos delosiéculos. Fácanos Deus omnipote(n)s tal serbitjo fere ke denante ela sua face gaudioso segamus. Amén."

Cuya traducción sería: "con el auxilio de nuestro señor, el señor Cristo, el señor Salvador, el cual señor está en el honor, y el cual señor tiene el imperio con el Padre y con el Espíritu Santo en los siglos de los siglos. Háganos Dios omnipotente tal servicio hacer, que delante de su faz gozosos seamos. Amén."

Anteriormente se le llamaba Romania a la porción del imperio romano en que predominó el latín como lengua principal. La Romania de hoy, actualmente comprende de cinco naciones Europeas Portugal, España, Francia, Italia y Rumania y ciertas partes de Bélgica y Suiza. La disciplina moderna que estudia la el desenvolvimiento u, evolución del idioma Latín en esas regiones se llama Filología románica. La literatura en el idioma Español o castellano comiensa a ser usada aproximadamente en 1140, con la obra *El Cantar de Mio Cid,* donde se cuentan las luchas de Castilla contra leoneses y aragoneses por un lado y los almorávides por otro. Este texto se cree ser el más cercano al Español actual. Este es un ejemplo del dialogo... *"Mio Cid Roy Díaz por Burgos entróve, en sue conpaña sessaenta pendones. Exién lo veer mugieres e varones, burgeses e burgesas por las finiestras sone."*

Los cantares eran basicamente relatos exagerados e, historietas en verso interpretadas por los juglares. El juglar era una especie de artistas ambulantes o encontrados en las ferias que se referían a noticias ya conocidas por el pueblo y destinadas a un público sensorial. Este le apreciaba y les pagaba a éstos artistas... es de donde surge el mester de juglaría, cuan mejor fuera el juglar, mejor comía. A partir del año 1230, aparece el mester de clerecía como oficio oficial de los clérigos y bajo este término se incluyen obras escritas por hombres ilustrados, que sí tenían trato con los libros, en oposición a los juglares, cuyo saber era popular, empírico. Esto surge en los libros de Apolonio, Alexandre, el poema de Fernán González y varias otras obras de autores anónimos escritas en el siglo XIII.

El mester de juglaría se contrapone y la rivalidad entre ambos mester se expresa en los versos del libro de Alexandre. *"Mester trago fremoso, non es de joglaría, mester es sen peccado, ca es de clerezía, fablar curso rimado, por la quaderna vía a síllavas cuntadas, ca est grant maestría."* Aqui pueden verse las alusiones a la rima y la gran maestría de el arte que denotan la supuesta superioridad al mester de clerecía sobre el de juglaría.

Se le puede considerar al rey Alfonso X, como el creador de la prosa Española, ya que fue el, el responsable de otorgar los escritos en lengua romance (castellana), en un lugar predominante frente al latín. Aunque se siguieron escribiéndo libros en latín, los escritos en romance adquirieron prioridad, gracias a él y a su carta que definia la autenticidad de lengua ciudadana. La importancia singular se le dio tambien a las traducciones hechas por el rey Alfonso X, al libro de *Calila e Dimna* del Arabe y Hindú, al idioma Español. Al igual su hermano Fadrique quien emprendía igual tarea con el Sendebar, también de origen Hindú. La obra más ambiciosa de Alfonso X es la *General Estoria*, empresa enciclopédica donde intentara compilar una historia general a través de toda clase de fuentes: desde la Biblia y comentaristas de la Biblia, escritores latinos clásicos, historiadores Arabes y el libro de Alexandre hasta cantares juglarescos.

A partir de los escritos del rey Alfonso X, crece la cantidad de textos escritos en Español y los rasgos de la lengua, reforzada por el proceso mismo de escritura y lectura impulsado por el rey, adquiere una identidad propia, fijándose y estableciéndose con mayor fuerza.

Durante la época de los siglos de oro, la lengua Española se ve consolidada por la literature y al leer las obras escritas en los siglos XVI y XVII se puede sentir el pulso de nuestro idioma durante una época excepcionalmente rica. Es el tiempo de Lope de Vega y Calderón de la Barca en el teatro, de Boscán, Garcilaso y Gutierre de Cetina en la poesía, pero sobre todo de Góngora y Quevedo, culterano el primero y conceptista el segundo, mientras en la novela destacan el Lazarillo de Tormes, la Vida del Buscón y Guzmán de Alfarache, pero ninguno puede compararse con el Quijote de Miguel de Cervantes, después del cual ya no fue posible escribir libros de caballerías.

Un Breve Estudio Sobre El Culteranismo Y El Conceptismo.

Los historiadores de la literatura y el arte suelen dividir a la poesía del Siglo de Oro, o Barroco Español, en dos tendencies; culteranismo y conceptismo, entendiendo por culteranismo el uso abundante de palabras cultas y de sintaxis rebuscada. En cuanto nos concentramos a seguir el esquema de las oraciones en el idioma Latín, y por conceptismo el uso de agudezas intelectuales y de asociaciones sorpresivas que hacen caudillo primero a Góngora y a Quevedo en segundo termino. puesto que la importancia del Quijote para la lengua Española fue sumamente exitosa u extraordinaria. El Quijote, cuya primera parte apareció en 1605, al igual que la Divina Comedia, cumplió con una función bien definida... afianzando asi la lengua al convertirse en un clásico, en fuente casi inagotable de términos y construcciones a la cual se remitían lectores y estudiosos. Pese a que muchos han señalado "sus italianismos, incongruencias e incorrecciones," atraves de los años los académicos aun hoy dia lo llaman, con propiedad, 'espejo del idioma.' Historiadores confirman que el mismo Cervantes dijo en varias ocasiónes, *yo soy el primero que he novelado en lengua castellana."* En la popularidad del Quijote influyó el hecho que Cervantes únicamente deseaba decir lo que opinaba y sentía acerca de la vida, del mundo, de la sociedad de su tiempo, del hombre y de los ideales humanos. Sin embargo, en general los contemporáneos de Cervantes no tuvieron ojos para descubrir ese propósito, incluso Lope de Vega leyó el Quijote y no lo entendió, y en 1606 escribió lo siguiente, donde con la palabra 'romí' alude a la lengua romance, el Español: *"y ese tu Don Quijote baladí de culo en culo por el mundo va vendiendo especias y azafrán romí, y al fin en muladares parará."*

La primera gramática auténtica en la lengua Española y no vulgar de nuestra lengua -de hecho, la primera gramática de una lengua vulgar, castellana fue imprimida y dedicada a Isabel la Católica, en 1492 por Elio Antonio de Nebrija. Segun investigadores, la intención de Nebrija al publicar su gramática era para que "las naciones de peregrinas lenguas aprendieran el castellano," más que los hablantes de castellano se enteraran de sus reglas.

El mismo Elio Antonio de Nebrija es tambien a quien se le acredita con ser la primera persona en dar uso a la ortografía en el idioma Español cuando publico en 1517, luego siguiendole Alejo Vanegas en 1531, Antonio de Torquemada en 1552 y Juan López Velasco entre otras. Segun su historia linguistica, la ortografía más revolucionaria de toda época, fue sin lugar a dudas, la *'Ortografía Kastellana'* publicada en 1630 por Gonzalo Correas. Segun Correas, fue escrita con el fin de que "la lengua salga de la esklavitud en ke la tienen los ke estudiaron latín." Correas también propuso en su *'Ortografia Kastellana,'* eliminar las letras inútiles como la *h* y las dobles *ll* y *rr,* alegando que esto fuese necesario "para ke eskrivamos komo se pronunzia y pronunziemos komo se eskrive, kon deskanso y fazilidad sonando kada letra un sonido no más."

Aunque poca atencion se la da al autor Nebrija, a quien sin embargo se le deberia de dar el credito por ser el primero en publicar un diccionario en el idioma Español en 1492. Nebrija, dedica la primera parte de su pulicacion al Latín-Español, tres años después, en 1495 aparece la segunda parte del diccionario en Español-Latín. La función de estas publicaciones con el proposito de facilitar la traduccion del latín al español y el español al latin.

Pasaron casi ciento cincuenta años antes de intentar dar nuevo avance al idioma, hasta que se acerco el año 1612, cuando Sebastian de Covarrubias Orozco, publicara el primer diccionario en Español moderno tittulado, *'Tesoro de la lengua castellana o española,'* cual sirvio de suma importancia. Este fue el primer diccionario moderno en donde se podia encontrar la definición o descripción de cualquier término en lengua Castellana, cual contiene abundantes detalles, con ejemplos descriptivos e información enciclopédica. En ella, notamos que Covarrubias se atuvo fundamentalmente a la lengua castellana hablada en sus tiempos, sin ocuparse mucho con la traducción de las voces al latín, pero prestando mucha atención a la etimología, u origen y evolución de las palabras modernas.

Sefarad, es el nombre Hebreo de España que le dieron los Judeos Españoles y sefarditas o sefaradíes es el nombre por el cual se conoce a los judíos Españoles... estos luego fueron expulsados de la península Ibérica en 1492. Los sefardítas despues de su expulcion se establecieron en Turquía, los Balcanes y el Asia menor, y aunque emplearon otros idiomas durante su transcurso, tal parece un caso extraordinario de supervivencia, unido al hecho que nunca se olvidaron del idioma que habían aprendido en España, aunque lamentablemente era ese el mismo pais de donde los hubiesen expulsado.

El Judeo-Español es conocido también como sefardí o ladino y se conserva mejor que ninguna otra modalidad actual del castellano... dicha lengua aun posee los rasgos del tiempo de Nebrija y recientemente ha despertado la atención de los linguistas modernos. Aunque este Judeo-Español ha sufrido influencias del árabe, el Español moderno y otras asimilaciones, su fonética y su vocabulario aun resisten lo básico, de manera que suele servir de ejemplo vivo de cómo se hablaba el Español hace 500 años.

Entre los notables cambios que se establecieron con las relaciones linguísticas de España y América, notamos que inicialmente los Españoles intentaron imponer su lengua a la fuerza, pero poco a poco, a medida que los indígenas aprendían el castellano, las voces Americanas se ajustaban, sobre todo aquellas que designaban objetos desconocidos al habla de los conquistadores, los cuales lentamente fueron penetrando al idioma Español. Los mas notables fueron los de forma topónimos u nombres de lugares Españoles se asimilaban en América, en algunos casos unidos a topónimos Americanos. Ejemplo, Santiago de Cuba, San Miguel de Tucumán, San José de Cúcuta, Santiago de Chuco, San Antonio del Táchira, Santiago de Huata, y muchos más. Ironicamente en teoría moderna, notamos que de igual manera como se fragmentó el Latín del imperio Romano, el Español podría seguir diversificándose geográficamente hasta fragmentarse en distintas lenguas 'neoespañolas.' Notamos que actualmente, las distintas modalidades regionales se ha ido afianzando y se habla de la distinxion del Español hablado en Cuba, Colombia, Honduras, Mexico, Puerto Rico o Chile, del que se habla en España. Aunque en la práctica, la tendencia a la fragmentación se limita por una serie de factores, siendo el más importante de ellos la democratización de la cultura; ya que a diario se crece y aumneta el número de personas de habla-hispana quienes tambien aprenden a leer y escribir el idioma.

Resumen e Historia de La Lengua Española

Confiadamente podemos asegurar entonces que el idioma Español comienza específicamente con el latín vulgar y que su origen historico fue transferido por medio del Imperio Romano y el latín vulgar presente en la zona central del norte de Hispania. Tras la caída del Imperio Romano en el siglo V la influencia del latín culto en la gente común fue disminuyendo paulatinamente. El Latín cual fue ampliamente hablado del entonces fue el fermento de las variedades romances hispánicas, entre ellas el castellano antiguo, cual tambien presta origen a su vez en una mayor proporción, a las otras variedades que forman la lengua Española.

La invasión Musulmana cual tomo posecion de la Península Ibérica durante el siglo VIII, formo dos zonas diferentes y variadas. El de *Al-Ándalus*, donde se hablaban los dialectos romances englobados con el término mozárabe, además de las lenguas de la minoría alóctona (árabe y bereber). Mientras que en la zona sur de Castilla y donde se formaban los reinos Cristianos, a pocos años después del inicio de la dominación Musulmana ya habia comenzado una evolución divergente, en la cual surgian varias modalidades romances; como la catalana, la aragonesa, la asturiano-leonesa y la gallega, además de la castellana.

El dialecto Castellano primigenio se originó en el condado medieval de Castilla entre el sur de Cantabria y al norte de Burgos, con influencias vascas e germano visigóticas. Y es alli donde se encontraron los textos más antiguos donde se usa idioma Español... estas son conocidas como las *Glosas Emilianenses*, cual aun se conservan en el *Monasterio de Yuso*, en San Millán de la Cogolla o *La Rioja*. Hoy dia es considerada centro medieval de cultura.

El idioma se extendió al sur de la península tras la *Reconquista* y la union de los demás reinos Españoles mediante las sucesivas unificaciones dinásticas. Crecio tras la unión con León y Galicia cuando el Rey Fernando III de Castilla, introdujo la dinastía castellana en la Corona de Aragón, tambien con Fernando I de Aragón quien logro llevar la unión final e introduciendo los Reyes Católicos.

Fue durante el periodo del siglo XV, tras el proceso de la unificación de los reinos a la corona Española, el author Antonio de Nebrija, publico en Salamanca su Grammatica. Este fue el primer tratado gramátical de la lengua Española y también el primero de lengua vulgar Europeo. Durante el siguiente siglo la lengua se expandió simultaneamente tras se llevaba a cabo la colonización y conquista del continente Américano. Cual logro abrir paso a que el idioma se expandiece no solo por la mayor parte del continente Americano, si no a nivel mundial.

Historicamente, el original idioma Español se deriva luego entre las numerosas variantes dialectales que, si bien respetan el eje principal, pero a la misma ves representan sus diferencias de pronunciación y vocabulario local, al igual que sucede con cualquier otra lengua. Aquí es donde atentamos agregar la influencia lingüística de los idiomas de las poblaciones nativas de América, como el *aimara, náhuatl, guaraní, chibcha, mapudungun, taíno, maya, y quechua,* que hicieron también contribuciones al léxico del idioma, no sólo en sus zonas de influencia, sino en algunos casos en el léxico global; cual podremos estudiar y analizar en los siguientes capitulos.

Como Nace El Imperio Español...

El matrimonio de los Reyes Católicos Isabel I de Castilla y Fernando II de Aragón, lograron unir las dos Coronas tras ganar a Juana la Beltraneja en la Guerra Civil Castellana, dando paso para que Isabel ascendiera al trono. Sin embargo, cada reinado mantuvo su propia administración bajo la misma monarquía. La formación de un estado unificado solo se materializó tras siglos de unión bajo los mismos gobernantes. Razon por el cual academicamente podemos historiar y decir concerteza que España fue creada por el imperio y no el Imperio por España... Los nuevos reyes luego introdujeron el estado moderno absolutista en sus dominios, cual pronto buscaron ampliar, como veremos mas adelante.

España llegó a ser la primera potencia mundial durante los siglos XV, XVI, XVII y XVIII, tras esa epoca estuvo anteriormente en competencia directa con Portugal y posteriormente con Francia, Inglaterra y el Imperio Otomano. En esa epoca, Castilla y Portugal, montaban conjuntamente la vanguardia de exploraciónes europeas dedicadas a la apertura de rutas comerciales, a través de los océanos navegando el Atlántico entre España y las Indias y en el Pacífico entre Asia Oriental y México, vía las Filipinas. Motivo y momento oportuno cual se presto como pretexto de descubrimiento para que los conquistadores Españoles atacaran, ultrajaran, se apoderaran, destruyeran y dominaran vastos territorios pertenecientes a una diversidad de culturas y territorios en América, Asia, África y Oceanía. Y fue durante esa epoca en la cual España, sobre todo el reinado de Castilla, se expandió, colonizando esos territorios y construyendo con ello el mayor imperio económico y poderio a nivel mundial. El reinado de Castilla ya había intervenido en el Atlántico compitiendo con Portugal por el control por el mismo desde finales del siglo XIV, al cual hoy conocemos historicamente como el comienzo del imperio extrapeninsular. Durante esa epoca fueron enviadas varias expediciones Andaluzas y Vizcaínas a las Islas Canarias.

La conquista efectiva de dicho Archipiélago, había comenzado durante el reinado de Enrique III de Castilla cuando en 1402, Jean de Béthencourt solicitó permiso para tal empresa al rey castellano a cambio de Vasallaje. Mientras exploradores Portugueses como Gonçalo Velho Cabral y varios otros colonizaban los Azores, Cabo Verde y Madeira, a lo largo del siglo XV, logrando asi en 1479 El Tratado de Alcaçovas, la cual supuso la paz en la Guerra de Sucesión Castellana con Portugal. Este tratado fue confirmado por el Papa en 1481, mediante la bula *Aeterni Regis* y culmino en separar cada zona y mantener la influencia individual de cada país en África y el Atlántico. Tambien se la concedio a Castilla de una ves la soberanía sobre las Islas Canarias y se le entrego a Portugal las islas Guinea, el reino de Fez y otras que anteriormente ya poseía. Tras la incorporación del Imperio Portugués de 1580, España perdio varios territorios, tambien en 1640 y la pérdida de las colonias Americanas en el siglo XIX, aun asi fue uno de los imperios más grandes por territorio, a pesar de haber sufrido bancarrotas y derrotas militares a partir de la segunda mitad del siglo XVII.

Mientras tanto los Reyes Católicos iniciaban la última fase de la Conquista de Canarias, asumiendo por su cuenta dicha empresa, ante la imposibilidad por parte de los señores feudales de someter a todos los indígenas insulares a una serie de largas y duras campañas. Entre la epoca 1478 a 1483 los ejércitos castellanos se apoderaron de Gran Canaria, La Palma entre 1492 y 1493 y finalmente del Tenerife entre 1494 a 1496. La historica practica de política matrimonial, entre los reyes Europeos y sus decendencias, luego permitiría la unión con la Corona de Aragón primero, y con Borgoña y, temporalmente, Austria después. Por medio dicha practica ejemplar, pudieron adquirir numerosos territorios en Europa, logrando asi convertirse en una de las principales potencias mundiales.

El imperio Español se aprovecho de su expansión mundial y tras ellas de su experimentada Armada, e impuso dominio total sobre los océanos, tambien e invirtio grandemente en su ejercito, ya que sus soldados, eran los mejor entrenados y su infantería por un tiempo llego a ser la más temida de toda Europa. Y entre la epoca del siglo XVI a la primera mitad del siglo XVII, se reconocio historicamente en España como la Edad de Oro, por su crecimineto militar al igual que su engrandecimiento cultural. Tambien tenemos que tomar en cuenta que este vasto y disperso imperio se mantuvo en constantes disputas con otras potencias rivales por causas territoriales, comerciales y religiosas.

Existio una epoca durante la cual España estuvo en guerra con el Imperio Otomano en el Mediterráneo, en Europa, con Francia e Inglaterra, quienes tambien luchaban por mantener su crecimiento y poder en América, con Portugal y más tarde con los Holandeses, despues de su lograda independencia. Las simultáneas y constantes luchas con otras emergentes potencias Europeas, cual cada ves eran mas a menudo y de largos períodos, basadas tanto por diferencias religiosas al igual que políticas paulatinas, le causo pérdidas territoriales, cuales le eran difíciles de defender por su vasta dispersión. Estos al igual que la falta de intelectualidad económica, contribuyeron en gran parte al lento declive del poderio y la grandesa del imperio Español.

Durante los siguientes años entre 1648 y 1659, se firmo la historica paz de Westfalia y los Pirineos, cuales ratificaron el ocaso de España, reconociendole una ves mas aunque por corto tiempo, como potencia hegemónica. Luego de este declive politico se acordo en el tratado de 1713, la paz de Utrecht, cual culminó el respeto total al dominio de cada pais sobre sus territorios Europeos. España tuvo que renunciar totalmente a sus territorios en Italia y en los Países Bajos, razon por la cual esta vez perdía la hegemonía

de su poder y se convertía en una nación de segundo orden en la política Europea. A pesar de que España perdia control de sus territorios en Europa, sin embargo, de hecho logro mantener su amplió y extensivo imperio ultramaritimo, el cual simultáneamente era acosado por el expansionismo de los Ingleses, Francéses, Portugues y tambien del Holandés. Dentro del cual España se mantuvo como una potencia económicamente de primera orden, hasta que las sucesivas revoluciones del siglo XIX, dentro del continente Americano los desposeyeran de sus territorios en Latino America.

Sin embargo, aun asi los Españoles, lograron conservar importantes fracciones de su imperio en América, principalmente Cuba y Puerto Rico, aunque también Filipinas y algunas islas en Oceanía como Guam, Palaos o las Carolinas. La Guerra Hispano-Estadounidense de 1898 supuso la pérdida de casi todos estos últimos territorios. Las únicas posesiones que se salvaron fueron las pequeñas islas de Oceanía (excepto Guam), que fueron finalmente vendidas a Alemania en 1899. Podemos suponer que el impacto moral de esta derrota le fue duro a España, quien luego buscó compensarse al crear poco éxito, tras la implementacion del segundo imperio colonial en África, el cual fue centralisado en Marruecos, el Sáhara Occidental y Guinea Ecuatorial. Este le perduró hasta la descolonización de las décadas de los 1960 y los años 70, cuando tuvo que abandonar el Sáhara, en 1975, cual fuese su última piesa colonial.

Historiografia y Etnologia del Imperio Español...

Se denomina Imperio Español al conjunto de territorios conquistados, heredados y reclamados por España o por las lineas de dinastías reinantes en España. Aunque este globalmente alcanzó llegar a abarcar mas de 20 millones de kilómetros cuadrados a finales del siglo XVIII, tambien hoy sabemos que en varios casos territoriales, la presencia estable Española fue más teórica que real. Ejemplo de ellas se encuetran en las inmensas praderas de Norte América y la parte más austral de América del Sur. Y aunque ya se habian establecido estructuras propias del reinado Español entre los siglos XVI al XVII, no alcanso reconocimineto de imperio colonial hasta apartir de los años 1768 y no fue hasta en el siglo XIX cuando finalmente adquirio una estructura puramente colonial.

Aun no existe una postura unánime entre los historiadores sobre los territorios concretos poseídos por España, ya que en varias ocasiones esto resulta difícil delimitar siertos datos determinados porque habian territorios que supuestamente eran parte de España y otros que formaba parte de las posesiones del reinado Español. Esto es especialmente visible durante la época en la cual no se aclaraba las diferencias entre las posesiones del rey y las del país donde actualmente residía. Estos conceptos tampoco se examinaban claramente dentro de la hacienda y las herencias. Estas tradicionalmente se consideraban mas confusas dentro de los Países Bajos como parte del mismo, aunque aun existen autores e historiadores que hoy dia proclaman que esos territorios nunca se integraron al Imperio Español, sino en las posesiones personales de los monarcas de Austrias. *Esto lo indicant claramente las tesis mayoritarias de España y los Países Bajos.* Indisputablemente podemos aclarar ante cualquier debate historico que el Imperio Español fue el primer imperio global, ya que por vez primera un imperio logro abarcar posesiones en todos los continentes a nivel mundial, cual surge en diferencia de lo que ocurrio en el Imperio Romano y el Carolingio, cual no se comunicaban por tierra las unas con las otras. Sinembargo esta logro hacerlo por medio de la via maritima, al igual que territorial.

Resumen Sobre Los Historicos Grupos Ibericos Que Comprenden La España de Hoy

Entre los estudios dedicados a la formacion de España y la lengua Española, primero identificamos a los grupos Iberios, con el cuidado de tomar cuenta que estos grupos Iberos, Ibericos, Iberios, etc no previenen de una sola etnia, sino de varias diferentes configuraciones antiguas y pertenecientes a un substrato anterior distinto en funcion. Nuestras investigaciones tambien indican que muchos de estos anteriormente tuvieron mayor contacto con Griegos, y Fenicios Centroeuropeos. Aunque no es un substrato homogéneo, pero a pesar de su heterogeneidad entre ellos existe una serie de rasgos comunes y de todo esto lo que normalmente aparece, juntos términan fundando de la península de Iberia. En realidad no podemos dialogar extensamente sobre estos ámbitos sin antes hablar de los Iberos en sentido del cual nos referimos a la zona del Levante peninsular. Si hablamos o nos referimos al ambito general, notaremos que este es mucho más amplio. Se extiende desde el Sur de Francia por toda la costa, cubriendo la parte de Alta Andalucía y gran parte de ella cubre Baja Andalucía. Entre los rasgos más corrientes y fuertes de esta cultura, sabemos que fue la lengua Ibérica dado a los textos literarios históricos y la escritura encontrada. Juntas estas todas mantuvieron una firme configuración entre los pueblos Iberos. Estos estudios contribuyen a un mayor entendimiento sobre quienes durante su epoca no prevenian de un solo grupo, si no de varios pueblos localisados al Sur y el Este de la península Ibérica entre los siglos VI y II antes de Cristo, e.g. *a.c.*

Pese aun a su inmensa diversidad se manifestaron características communes a consecuencia de su prolongado contacto mercantil con los *Púnicos y los Griegos,* y asi fueron reconocidos como pueblos comerciantes del Mediterráneo durante aquella epoca. Los Iberos diferían en función dependiendo de su ubicación entre sí en el litoral o en el interior, cerca de los asentamientos Griegos de Cataluña, y el de los Púnicos de Andalucía y Levante. Su mayor logro de urbanización fue su forma monárquica de gobierno aristocrática con dedicación prioritaria a la agricultura, la ganadería, la minería y el comercio cuales fueron muy diversas y variables. Todo ello nos está aclarando de las supuestas versiones anteriores al considerar a todos estos pueblos miembros de un solo universo político. Nuevos estudios hoy dia finalmente consideran al fuerte nexo Ibero a los pueblos del interior de la peninsula menos desarrollados. La union de estos grupos se mantuvo fuerte a pesar de sus diferencias en las ramas técnicas y ante su organización política y social sus frutos de avances se encuentran en las huellas de aprendizaje realizado a partir de las culturas del Mediterráneo Oriental. Al estudiarlas, estas hoy quedan consideradas como un monumento al universo cultural por su innumerable contribucion historica. Antes de los estudios avansados que estableció Pere Bosch Gimpera en 1930 – 32, se creía que muchas de estas prevenian de origen Norteafricano y que la existencia de los iberos era de un estrato ligur pre-celta o pre-ibérico. Sin embargo, despues de estas detalladas investigaciones se realizo la teoría que prevenian de un origen protohistórico y que su penetración a la península Ibérica era desde el sur de Francia hasta Andalucia.

Los Tertasios

Entre los historicos grupos Iberos, sabemos que los *Tartessos o Tertasios* fueron los fundadores de el primer estado organizado que se formó en la Península Ibérica, a finales del segundo milenio antes de Cristo, que adquirió extraordinaria personalidad política y cultural. Hasta hace poco tiempo atras, el origen de los tartesios era generalmente desconocido aunque hay varios grupos quienes les han atribuido procedencia Etrusca o Africana y en ciertos casos, referencias con Asia Menor de donde también emigraron los etruscos hacia las tierras occidentales. Los tartesios fueron los primeros hispánicos que se relacionaron con los pueblos históricos civilizados del Mediterráneo oriental, llegando al litoral peninsular con propósitos de tráfico mercantil. Por su riqueza minera y mercantil, Tartessos, alcanzó inmenso poderío, ya que desde un principio comerciaban con lino, esparto, cáñamo y sobre todo metales. Los Tartesios explotaban las minas circundantes de cobre y plata, tambien controlaban el estaño preveniente del noroeste peninsular. Sus minerales tambien todos ellos de alta demanda en volumen por los comerciantes Fenicios quienes se establecian en las costas antes de la llegada de los Griegos con quienes luego entraron en competencia. Por ello Tartessos alcanzó mucha importancia y prosperidad, logrando su mayor expansión entre el 700 y el 535 A.C. Las tierras y el reinado de los tartesios es frecuente citado en la Biblia como *Tarsis* y lo es en términos de un pueblo rico y rebosante de esplendor segun: *1 Reyes 10:22; 2 Crónicas 20:36-37; Ezequiel 27:12; 38:13.*

Varias leyendas aun indican en sus creencias segun la historiografia Biblica que la causa de su ruina economica fue por el apoyo que los Tartesios le brindaron a los Helenos, ya que sus novedades financieras desaparecen a partir de los años 535 A.C., tal si fuesen víctimas del expansionismo Cartaginés. Aunque también se apuntan entre otras causas, la competencia de los Griegos de *Massalia* la actual Marsella en las rutas del estaño occidental. Al inicio de los estudios sobre Andalucía observamos por ves primera a los Tertasios, cual cultura aparece como una descabellada invención de un antiguo imperio. El hablar de su existencia segun los expertos investigadores, era darle alto signficado a los faraones Egipcios del cual se cree su procedencia; y aun existe el notado silencio. Aun asi, vemos que al igual que los Egipcios, los Tartessos o Tertasios mantuvieron un reino lleno de fabulosas riquezas, un urbanismo floreciente y altamente desarrollado. Tambien se sabe que su prosperidad, amparo y beneficio previene de una rica actividad metalúrgica, entre ellos el oro, la plata, el cobre, estaño, el plomo, etc. Sin embargo la mayor documentacion historica de su existencia es acreditada y reconocida nomas por sus minas de bronce y unos cuantos textos Romanos, Griegos, Asírios y Bíblicos. Segun las referencias literarias de *Estesícoro, Éforo, Esteban de Bizancio, Heródoto, Plinio, Rufo Festo Avieno, Estrabón y Posidonio,* todos ellos atestiguan sobre la precensia del reino Tartessos o territorio de los Tartesios entre el segundo milenio anterior a nuestra era y que constituyeron como el primer estado organizado en la Península Ibérica; adquiriendo asi una extraordinaria personalidad social, política y cultural. Segun sus escrituras, el dominio del reino Tartesso quedaba en el valle del Guadalquivir desde antes de la edad del bronce, su capital fue también llamada Tartessos, la cual fue descubierta por los Griegos cerca de 630 A.C.

Luego llegaron los Fóceos quienes fundaron una colonia *Mainake*, situada a poca distancia de la desembocadura del río Bético, segun nos cita Rufo Festo Avieno, en un periplo de su poema *Ora Maritima*, escrita en el siglo VI A.C. Al origen Tartesso se le atribuye una procedencia Etrusca o Africana, tambien se establece que fueron los primeros pueblos Ibéricos relacionadas con las civilizaciones del Mediterráneo Oriental Fenicia y Fócea.

El reinado de los Tartesios llego a formar un imperio que abarcaba la región Andaluza, parte del Levante y el centro de la península Ibérica. La capital de su reinado situada a la desembocadura del rió Guadalquivir con origen de civilizacion que remonta hacia el 2000 A.C. y riquezas mayormente debído al minado en metalurgia del hierro, la exportacion de plata, cobre, estaño y el comercio con los países orientales. Se cree que en el año 500 A.C., los Cartagineses deshicieron el reinado de los Tartesios y que su monarquía termino diluyendose en una serie de pequeños reinos en los distintos pueblos y ciudades de su alrededor.

La Formacion de Los Antiguos Pueblos En La Peninsula

Se opina que fueron los Griegos quienes le dieron el nombre de Iberia a la peninsula, notando asi que a pesar de la enorme variedad de culturas y diversidad entre los distintos reinos, lenguas y el numero de tribus que habitaban la península durante su apogeo, los Griegos llamaron Iberos a todos sus pobladores. Desde un punto de vista histórico se observa claramente que la evolución de los Iberos se divide en tres etapas importantes: *a)* estudiando su llegada e instalación cerca del siglo V A.C., *b)* la consolidación y organización de grupos independientes que ocure entre los siglos V, IV y III A.C., *c)* la Romanización que acontese entre los siglos III, II y I A.C. Durante estos ultimos confróntan dificultades a causa de su deseo y amor a la independencia, ademas que todo al de su carácter indómito cual se opone ante existentes caudillos tales como los hermanos Indibil y Mandonio, segun las leyendas. Nuestros estudios indican que Mandonio y Indibil en realidad no eran hermanos, Mandonio logro ser el jefe del pueblo de los Ausetanos durante la invasión Romana Hispania. Aunque las leyendas lo refieren como hermano de Indibil, sin embargo son cuñados a través del matrimonio de una hermana de uno con el otro. Mandonio se rebeló contra el Imperio Romamno junto con Indíbil en el 206 A.C. pero fue derrotado en el 205 A.C. y murió crucificado.

Según la leyenda, Indibil se hiso aliado de Cartago hasta el 210 A.C. y se alzó contra los Romanos en la batalla de Cissa en el 218 A.C. pero Cneo Cornelo Escipion lo venció y lo expulsó de sus territorios, obligando a los Ilergetes a pagar impuestos a Roma y el de entregar rehenes. En el 212 A.C., se alio nuevamente con el general Cartaginés Castulo quien venció a Cneo recuperando el trono y la autoridad de su pueblo. Convencido de la necesidad de mantener la independencia frente a Roma y Cartago, prosiguió con su difícil juego de alianzas militares en busca de la protección de su pueblo y conquistas de otros pueblos vecinos, menos combatientes. Consciente de la importancia del territorio controlado por los Ilergetes en el río Ebro con paso de Cartago hacia Roma y viceversa, aun asi mantuvo fuertes enfrentamientos con ambos. Indíbil sostuvo esporádicos enfrentamientos con las tropas Romanas y logro unirse a las expediciones Cartaginesas que trataban de cruzar el Ebro, pudiendo asi llegar a combatir a los Celtiberos quienes apoyaban al imperio Romano. La victoria que logro junto a los Cartagineses sobre Roma en el 210 A.C. lo llevo a perder casi todas sus pertenencias y apenas logro escapar y esconderse en los Pirineos.

Luego Indíbil de nuevo forma otro pacto con los Cartagineses a cambio promete entregarles grandes cantidades de oro, plata, esclavos y rehenes. Según las leyendas, en este pacto tambien va incluida hasta su propia esposa. En el 209 A.C., forma otro pacto con el general Romano *Escipión el Africano* para poderse enfrentar al Cartaginés Asdrúbal. La ironia que este era el mismo general que ya lo habia derrotado en batallas anteriores como adversario, pero esta ves le ofrecia apoyo con ciertas condiciones. En recompensa por su apoyo, Indibil la habia prometido brindarle allude al general Escipion y asegurarle las fronteras Ilergetes, tambien prometio ayudarle recuperar y devolverle todos los esclavos rehenes que poseia Cartago con la espera de llagar a ser el rey Vasallo.

En el 207 A.C., Indíbil nuevamente forma alianza con otros pueblos de la Península Ibérica para enfrentarse a Roma, excepto que esta ves lo hace junto al general Cartaginés Magon. Sus tropas juntas practicamente abarcaban en totalidad el Valle Ebro hasta la desembocadura del rio Ebro, la actual provincia de Castellón pero nuevamente fue derrotado por Escipión, y otraves logro escapar y darse al refugio. Años despues aun sufriendo el descontento al ver que Roma ahora dominaba casi toda la península, trato de formar otra alianza en la que encabezó la última gran sublevación, con mas de 5,000 jinetes y 40,000 infantes, siendo en su mayoría de los pueblos que ocupaban el noreste de la península pero fue nuevamente derrotado a la muerte en la batalla.

La tipología de los pueblos Iberos, al igual que en matemáticas, es una variedad casi compleja. Las diversas lenguas de la region forman una variedad diferenciable, equipada en cada espacio tangente. Compleja, dado a que la diversa tipologíca lingüística de la region, comiensa desde la costa del Mediterráneo en Andalucía hasta los Pirineos. Entre las variedades de lenguas, culturas y costumbres, se encontraban los Túrdulos y Turdetanos en el Valle del Guadalquivir, lejitimos herederos de la tradición Tartésica; los Bastetanos, Oretanos, Mastienos y Deitanos, quienes ocupaban desde las proximidades de Cádiz hasta el sur de la actual Valencia. Entre estos con menos diversidad lingual pero si una fuerte impresion cultural Fenicia-cartaginesa; los Contestanos y Edetanos. Desde el río Júcar al norte de Castellón, se encontraban los Sedetanos, los Ilercavones, los Ilergetes, los Suesetanos, Layetanos, Lacetanos, Ausetanos, Cosetanos y Bargusios. Tambien en las llanuras interiores abordando las costas de Cataluña se encontraban los Arenosios, los Andosinos, los Castelanos, Cerretanos, los Olositanos, Jacetanos e Indigetes. En las zonas Pirenaicas hasta el Norte costero de Cataluña, habitaban los Sordones en el Rosellón Frances, a orillas del río Ebro... *Iber* en Griego, del cual previene el nombre Iberia. Y antes de penetrar en la Meseta, se encontraban establecidos los pueblos Celtíberos, cuyos reciben en menor grado de esta influencia cultural costera y por ello, no se consideran integrantes del conglomerado de pueblos Iberos. Pero si hay que mantener en cuenta que cada uno de estos pueblos Iberos contaban con su respectiva clasificación lingüística, dando tambien nota de sus rasgos gramaticales y su cultura indivdual.

No fue hasta amediados del siglo XIX que comensamos a enterarnos poco a poco acerca de la existencia y rica variada historia del mundo Ibero, de ellos solo sabian los antropologos y arqueologos y lo poco que sabian estos expertos historiadores era de lo que aprendieron de las fuentes de literatura Romanas. Con el descubrimiento en tierras de Albacete del yacimiento del Cerro de los Santos se inició la primera de una casi inacabable lista de hallazgos arqueológicos. Segun los investigadores, estas fuentes son las que hasta el momento han aportado el mayor número de datos sobre estas gentes. El resto de escrituras silábicas Iberas encontradas indican las diferencias según las zonas, aunque estas apenas revelan pocos datos inconexos, con gran dificultad al tartar de descifrarlas. Aunque entre estos restos de cultura material se encuentran ajuares funerarios, donde aparecen estatuillas, armas y joyas, grandes esculturas de influencia Griega como la Dama de Baza o la Dama de Elche, y cerámicas de color rojo. Sus tumbas eran comunales y las cenizas eran guardadas en urnas que se colocaban en cámaras subterráneas, que se comunicaban con el exterior a través de corredores secretos. Vemos que para ellos eran muy importante los santuarios de influencia Griega, en donde se hallan importantes piezas de escultura como parte del ajuar funerario. Obviamente notando que para ellos la escultura tuvo un nivel muy alto que acusan la influencia del arte arcaico Griego y púnico. Entre ellas se destacan otras figuras sacerdotisas de carácter funerario que sobresalen los exvotos realizados en su mayoría de bronce que representan tipos humanos y animales, sobre todo el toro, el caballo y el león.

También el de animales fantásticos como la bicha de Balazote o toro androcéfalo cual acusa una influencia mesopotámica. En cuanto a las artes aplicadas, se destacan las cerámicas de decoración vegetal o animal, o bien de carácter geométrico con reminiscencias de Grecia; en cualquier caso existe una acusada tendencia a la reducción y a la abstracción que se pone de manifiesto en la cerámica y en los tesoros como el de Jávea. Al igual se encuentran aun los restos de poblados rodeados de elevados emplazamientos defendidos por murallas, que aun dejan las huellas de un urbanismo importado.

Tras sus rutas los investigadores continuan sus busquedas entre las claves, tratando de explicar la Antigua cultura, entre el dilema de la unidad y la diversidad de los pueblos Iberios. Notamos entonces que su diversidad consistia entre aspectos como preferencia de gobiernos monárquicos en el sur al cual le atribuian un origen divino a los reyes, tambien por el carácter aristocrático-oligárquico en los pueblos del Este, cuales tribus estaban al commando de un caudillo y sus consejales. Estudiando tambien notamos su diversidad por las variantes decorativas en cerámicas o por las tipológicas constructivas entre las actividades agrícolas de los valles y mineras o ganaderas en las montañas. Y vemos que entre sus organizasiones de tipo cultural y social, se manifiesta el carácter sincrético de su religión, donde los diferentes panteones de dioses tienen parecidas características propiciatorias y relaciones con la naturaleza como dedicados invocantes al culto del Sol, la Luna y al Toro. Entre los estudios culturales notablemente se encuentra el ritual funerario de incineración y depósitos de restos en urnas, tras la iconografía artística de estos pueblos de carácter animalista y antropomorfo; en su vocación guerrera. Al igual que entre sus lazos de relaciones tipo clientelar del cual los Cartagineses y Romanos se dividian al negociar concertados pactos para reclutar tropas para sus ejercitos y enrolar mercenarios como tropas auxiliares.

Las desigualdades socioeconómicas dentro de las tribus y entre los mismos pueblos no disminuia sus ansias de independencia y de frente común contra los pueblos colonizadores, si bien no fructificaron las tendencias unificadoras, favoreciendo así las sucesivas conquistas durante el siglo III A.C., o sea mucho mas antes que Cartago y Roma. Se sabe que los Iberos hablaban una lengua que no era de origen indoeuropea cual aun no se establece con certasa. Entre esta incertidumbre se plantean problemáticas entre las lenguas Vasco, Ibero, el Celtíbero y las Caucásicas. Estas problematicas tambien se observan medio las diferencias entre el arte Ibero y el Celtíbero, dentro del estudio de la historia de España, por la cual temprano notamos ampliamente la influencia, Africana, Mediterránea y luego con la penetración de la cultura centroeuropea años despues. Esta civilzacion se desarrolló en el periodo de los siglos V-I A.C. y llego a mostrar superior potencia creadora en las regiones meridionales dentro de las comunidades de Valenciana, Murcia y Andalucia, por una arquitectura caracterizada en el uso del sistema adintelado con arcos y bóvedas por aproximación de hiladas y un estilo de ciclópeo aparejo en las fortificaciones.

Para poder notar major las caracteristicas de estas construcciones podemos citar las interesantes historicas ciudades amuralladas, ciclópeas con atalayas defensivas erigidas sobre acrópolis como la de Azaila, el Pico de Alcoy, el poblado de San Antonio de Calaceite, Tarragona y Ampurias. Nuestros estudios tambien demuestran que con la entrada en la órbita Romana, los Iberos empezaron a acuñar su propia moneda en el siglo II A.C., notando que casi todas estas monedas aparecieron inscritas con carácteres iberos, con el nombre de su centro emisor, aunque mas tarde aparecen con caracteres bilingües del Ibero y el Latín. Entre los temas que aparecen acuñados con mas frecuencia eran los de la moneda colonial que repetían el Pegaso o la Esfinge, sin duda por su origen Africano. Las otras monedas aparecen a menudo llevado en el anverso la cabeza de una divinidad y el reverso, con una variedad de caballeros con lanzas o palmas, caballos sin jinete, caballos marinos, etc. Los municipios hispánicos continuaron acuñando su propia moneda hasta la era del reinado de Nerón.

Historico Analysis Ibero Segun Los Expertos

Primer Formacion del Periodo Iberico: 750 – 550 A.C. En este periodo no podemos hablar de Iberos como tales. En Tartessos estamos en el periodo oriental, la cual es conciderada con la configuración de la cultura Turdetana. El Segundo Periodo o Iberico Antiguo llega a mediados del 550 A.C. y tiene muchas reminiscencias de esa fuerte carga orientalizante, pero al mismo tiempo incorpora los elementos Griegos procedentes no sólo de la colonización Griega de la zona Catalana, sino también de la presencia Griega en la zona del Levante y Andaluza. Durante esta epoca se integran los elementos característicos de la colonización púnica. El Tercer Periodo ocurre a finales del siglo V A.C. Y es durante esta epoca en la cual la cultura Ibérica manifiesta sus rasgos culturales históricos. Este tambien es el periodo de mayor apogeo de dicha cultura. A fines del siglo IV y durante el siglo III, esta cultura entra en una fase de crisis que coincide con los periodos que arqueológicamente son los peor documentados. Y esta es la fase que termina con la llegada de los Romanos, la cual tambien da lugar a la llamada *Baja Epoca Iberica*, que se desarrolla desde finales del siglo III y principios del II hasta el siglo I A.C. Es durante esta temporada que la cultura Ibérica recibe el mayor influjo Romano o major conocida como *la Romanización*.

Grupos Que Invadieron La Peninsula Despues de Los Iberos

Los Vandalos

Entre el numero de los grupos que invadieron a la peninsula Iberica, primero estudiamos a los Vándalos para poder darles major entendimiento de quienes eran los vandalos.

Los Vandalos procedieron de antiguos grupos de pueblos de origen germánico, procedentes de *Jutlandia* hoy Dinamarca. Su antiguo nombre fue y es aun hoy dia el sinonimo de guerras, competencias e invasiones violentas. Se cree que emigraron del valle del río Oder, cerca del siglo V A.C. y se establecieron durante los siglos II y III D.C., a lo largo del Danubio. Segun nuestras investigaciones y otros estudios, los Vandalos entraron a Galia cerca del año 406, invadiendo a la entonces peninsula de Hispania tres años despues en el 409, cuando lucharon arduamente contra los visigodos, el otro pueblo historico de origen Germano quienes tambien antes hubiesen emigrado a Hispana; durante esa misma epoca tambien lucharon contra los Romanos. Entre las batallas historicas mas importantes fue la victoria que obtuvieron en el año 422, luchando contra las tropas Romanas en Hispania, con lo cual lograron establecer dominio en las regiones de Bética y Cartago. Llegando a ocupar tambien la actual Sevilla y Cartago Nova cuatro años despues en el 426. Apenas dos años despues, en el 428, Genserico logra convirtirse en el primer rey Vandalo, alcanzando asi máximo poder historico dentro y fuera de la Peninsula de Hispania. El siguiente año, en el 429, Genserico traslado sus fuersas al Norte de África donde nuevamente derrotaron a los Romanos, esta ves logrando el tan esperado reconocimiento soberano por el emperador Romano Valentiniano III. Tras ser reconocidos por el Imperio Romano reino federado bajo el mando de Genserico, los Vandalos dominaron todo el territorio conocido hoy como Argelia y todo el Norte de Marruecos desde amediados del año 420, hacia el 435. Cuatro años despues reconquistaron a Cartago en el 439 y su flota naval controló el Mediterráneo Occidental, logrando asi saquear a Italia, inclusive a Roma, en el 477. El año 477 es el mismo en el cual se datea la muerte de su rey Genserico y es durante esa misma epoca cuando cominzan a desapareser de la historia. Su poder comenzó a decaer después de la muerte de Genserico, en el 477, y fueron finalmente derrotados cuarenta y trees años despues en el 534 por el general bizantino, Belisario. Consiguiendo recuperar de una ves el reino vándalo e incluirlo al Imperio Bizantino. El uso moderno del término *vándalo* refleja el terror y la hostilidad que estos causaron a otros pueblos con sus saqueos y pillajes, a Roma en particular.

Los Vandalos fueron practicantes y aficionados al arrianismo, quienes brutalmente ultrajaban y trataban con severa hostilidad a los Cristianos católicos. El arrianismo cual es un concepto mal interpretado del que se cree que fue una de las inspiraciones que motivo a Adolfo Hitler y los Nazis habilitar casi toda la nacion Alemana con atento de eliminar a los Judeos y el resto del mundo no Europeo casi dos mil años despues. Hitler y los Nasis alegaban que el arrianismo prevenia de grupos originarios del idioma IndoEuropeo, quienes poseian varias distintas razas de asañas mayor avansada que cualquier otra en el mundo. En realidad el arrianismo historicamente es el conjunto de doctrinas Cristianas desarrolladas por Arrio. Arrio fue un sacerdote quien recidia en Alejandría y se cree que probablemente fue de origen Libio. Segun nuestros estudios, este sacerdote no consideraba a Jesús de Nazaret como a Dios o parte de Dios, sino como simplemente una criatura imaginaria. Tan pronto la Iglesia acepto la proposición opuesta como dogma, el arrianismo fue condenado como una herejía. Indudablemente si Adolfo Hitler y sus seguidores hubieran sido mejor estudiados quisas hubiesen usado otro nombre u otra religion. Se cree de importancia el distinguir, las diferencias que existen dentro de los pueblos vándalos, ya que hay dos grupos bien diferenciados: el uno es de los vándalos silingos que desaparecieron exterminados por los visigodos hispanos en el 418, junto a los alanos y el otro es el de los vándalos asdingos, que invadieron el continente Africano logrando crear otro reino en litoral Norte del continente Africano cerca del 435.

Estudio Sobre Los Godos

Quiénes son los Godos, de dónde Vienen... Cuando Llegaron a la Península de Ibéria?

El diccionario de la Real Academia Española de la Lengua, indica que la palabra "godo" procede del latín Gothus, el cual da lugar al término y concepto de Gótico. Aunque primero creo con mucha importancia comenzar con explicar varios de los diversos significados relacionados con la palabra "godo," ya que segun la lengua hay algunos quienes dirián que el uso de esta palabra, puede ser un adjetivo, usado antiguamente para significar "alguien rico y poderoso." Aunque hoy sabemos que la mayoria de historiadores indicarian, que el uso principal es para nombrar a individuos de pueblos germánico que invadieron España e Italia donde tambien fundaron reynos a comiensos del siglo II.

Aunque el diccionario de la *Real Academia Española de la Lengua,* en realidad indica que la palabra godo procede del latín *Gothus,* el cual da lugar al término y concepto de *Gótico,* tambien creo que importante aclarar las tres acepciones en que se pueden emplear en el uso de dicha palabra. *1)adjetivo:* Refiriendose a individuos de un antiguo pueblo germánico, fundadores de reinos en España e Italia. *2) adjetivo:* Que se refieren al rico y poderoso, originario de familias ibéricas, que, confundido con los godos invasores, formaron parte de la nobleza al constituirse la nación Española. *3) adjetivo*: Germánico, gótico, noble, ilustre. Historiadores e investigadores the la antigua historia cultural Española agregan que la frase *"ser de los godos, o hacerse godo"* significa *"blasonar de noble, u originar de nobleza Antigua."*

Para hacer major entendimiento de la formacion y origen de nuestros idiomas de hoy dia y en particular a la lengua Española cual tuvo tantos cambios, culturas y adaptaciones a las mismas, primero tendiramos que dar paso atras meditar y comprender que los idiomas acompañan a los pueblos a lo largo de su historia y que cada año las palabras nacen, cambian de forma y hasta de significado. Muchas veces pueden desaparecer en las batallas, las migraciones, las mezclas de pueblos, las masacres, las conquistas y las tragedias que dan paso a la civilización en marcha de un futuro. Tambien tenemos que ver y desifrar los errores cometidos durante la traducción de textos medievales, el cual puede impedir el conocimiento y la utilización de múltiples accesibles documentos que existen hoy reveladores de su original idioma y cultura de los pueblos que entraron a la peninsula Iberica a partir del siglo II A.C. en adelante. Sabemos que los godos invadieron España en el siglo V, aunque la creencia que los godos son oriundos de Escandinavia puede ser producto de un error de traducción, tambien ya que existen errores de análisis lingüístico el considerar que los godos son Germanos. Aunque se advierte que el ignorarlos y describirlos como un pueblo primitivo, seria por falta de educacion o documentación sobre el particular.

Aunque por otra parte podemos decir que otros aun alegan que los godos eran un pueblo de Germania oriental que llegó a jugar un papel muy importante en las grandes migraciones de pueblos, pero entonces vemos que la frase es un poco redundante. Ya que vemos hasta nuestros colegas que aun ignoran que esas famosas migraciones que ocurrieron entre los años 375 y 568, fueron gigantescos movimientos de tropas y pueblos germánicos, que llegaron a invadir y dominar los Balcanes, Italia, el sur de Francia y casi toda España. Estas migraciones fueron decisivas para la caída del Imperio Romano y la cristianización de Occidente, razon por la cual se cree que los godos se cristianizaron mucho antes que los Romanos. Es importante entonces recordar que los godos partieron de la costa sureste del mar Báltico en la segunda mitad del siglo IV, luego descendieron hasta el mar Negro, logrando alcanzar el bajo Danubio, atravesaron la región balcánica para penetrar en la Península Itáliana.

Fue en el año 410 cuando tomaron posecion de Roma, pero la abandonaron rapidamente tras la muerte de su rey Alarico, para luego dirigirse hacia el sur de Francia y la Península Ibérica. Casi un siglo después, en el año 507, perdieron sus provincias Francesas en la batalla de Vouillé contra los francos, y todos sus centros de poder luego se trasladaron a los dominios que poseían en España. Allí, principalmente en el norte, echaron raíces y se establecieron definitivamente.

Aunque tambien se podra indicar que el propio historiador de los godos, *Jordanes*, escribio en el siglo VI que los godos eran originarios de la mítica isla de Skandza, pero es una afirmación que ha dado lugar al error, muy común, de considerar a los godos descendientes de los *gotar escandinavos*. Cuando hay documentos indicando que en aquella epoca los mismos suecos estaban tratando de hacer todo lo posible por hacerse *godos*, el cual termina con resultados lamentables. Aparentemente la confusión que traslado el origen de los godos a la península escandinava pudo haber sido causada por un error de interpretación por el historiador Jordanes, quien en el año 551, escribió en latín una historia de los godos titulada *De origine actibusque getarum* "*Del* origen y hechos de los godos." Simple revisión de lo que realmente indicaba el autor hubiese elimnado el grave error de la traducción que confundio la legitimidad de los godos.

Años despues de que el historador godo, Jordanes comenso a documentar la descripción y el origen de la patria goda, refiriendose a ella en latin como *"la isla de Scandzia."* La mayoría de los textos traducidos del latin en tiempos modernos recogieron la palabra *"Scandzia"* y comensaron a interpreter le como Escandinavia. Sin embargo, una verdadera traducción literal escrita por Jordanes revela algo muy distinto. Segun los expertos investigadores de tiempos mas modernos, el hecho de los traductores no se advirtieron al afirmar que el autor indicaba que su nacimiento en la isla se veia claramente *desde* la boca del Vístula, debía haberles indicado que es imposible el poder ver a Escandinavia desde la boca del rio Vístula. Ademas se puede decir con certesa que cuando Jordanes escribió estos textos, aun no existían mapas de la península escandinava y mucho menos mapas de la costa del mar Báltico donde desemboca el rio Vístula. Muchos agregan que durante esa epoca, Jordanes, no hubiese podido observer la diferencia y los conocimientos oficiales sobre esa area, sin embargo, los autores antiguos solían llamar al mar Báltico "mar del Norte", o le llamaban simplemente *el Océano*. Tambien publicaciones como *El Orbis gothici* escritas en 1688 en Prusia Oriental donde Matheus Praetorius, historiador (1635-1707), afirma que la palabra *Scandia,* se origina del idioma báltico *skandinnu* y significa *yo sumerjo*, indicando asi que el mismo termino se usaba cuando se referian a las *maris Balthici oris,* o las costas del mar Báltico.

Tras las epocas varios otros antiguos historiadores tambien han atestigado con sus contribuciones, ejemplo. Cuando el cronista Adamus Bremenensis publico en Prusia oriental su primera *Crónica de España,* capítulo 386 titulado *Descriptio insularum aquilones* en 1073, en su obra escribe *"Aquí comienza la estoria de los godos et cuenta de que yentes fueron et de quales tierras salieron."* Luego el Rey Sabio X incluye varias otras explicaciones, indicando que esta isla está situada en el golfo, que esa isla rodea la tierra y las costas adyacentes como un arco, que comienza en el lado Este de la boca del Vístula y lo hace en el punto donde el Vístula se divide en tres ramales y marca la frontera con Alemania. *"es assentada en el seno; cerca toda la tierra et a las costas aduchas cuemo en arco; correl aparte de orient el rio Vistula"* *"et dalli o comiença a parecer a la ysla de Scançia ua partido por tres canales et ayuntan se cercal mar de septentrion, et ua partiendo frontera entre tierra de Sciçia et de Alemanna."*

Hacia el siglo II, los godos vivían en el territorio de Wisla *Germania oriental,* según el historiador Romano, *Tácito,* y en cuanto nos refirmos a la "nobleza," en realidad fue una evolución que surgio despues en su tardía. *Los godos eran un pueblo semi-nómade, que se asentaba en ciertas regiones solamente por temporadas, moviéndose en migración guerrera hacia el suroriente, en dirección al Mar Negro, llevando a cabo una serie de invasiones que implicaron grandes cambios en la sociedad del sudeste Europeo.*

En realidad los godos revolucionaron el arte de la guerra, creando la caballería acorazada, utilizando las torres rodantes e introduciendo en Europa los andamios móviles para tomar las fortalezas por asalto.

Durante el siglo III cruzaron el Danubio y atacaron las provincias balcánicas del Imperio Romano. En el año 267 el emperador Aureliano logró detener su avance, luego se vio obligado a cederles la Dacia y fue durante esta epoca que los godos iniciaron su vida sedentaria, convirtiéndose en firmes aliados de los Romanos, más tarde, en "cristianos arrianos." Desde la existencia de los pueblos en la peninsula que cuentan con cerca de 4.000 años de historia documentada, los godos se esmeraron en crear una sociedad organizada, no necesariamente bélica, sino principalmente agrícola, ganadera y productiva.

El mayor logro de su cultura fue la de su permanencia y sus planteamientos básicos nunca perdieron validez.

Los godos eran cristianos heterodoxos que negaban la divinidad del Verbo y la consustancialidad de las tres personas de la Santísima Trinidad, o sea que, obnubilados y enceguecidos por el fanatismo matemático, decían que la Santísima Trinidad eran tres distintas personas y no una sola. Su obispo, Wulfila, tradujo la Biblia al idioma gótico, cual es el más antiguo idioma germánico; aprovechando asi, que todo el pueblo Godo pudiera entenderle.

De este modo por el cual se cree que desde temprana época para los godos la Biblia fue un libro de lectura popular en su lengua vernacular. Mientras que para el resto del Imperio Romano la Biblia quedó reservada al idioma Latín, disminuyendo asi el entendimiento del resto de sus pueblos durante muchos siglos. Roma considero a los godos como herejes y no era solamente porque afirmaban que tres era igual que tres, sino porque que además publicaban sus creencias como verdades de la palabra de Dios en un language que todos entendían. Durante esta epoca y por medio de estas diferencias notamos la introduction de los idiomas bálticos o godos, a medida de como van cambiando al mesclarlas con el latín. Observando que generalmente en el idioma báltico antiguo se pronunciaba la 'G' donde el latín usaba el sonido 'K, o C.' Ejemplos de estas surgen cuando mencionamos en voces Latinas palabras como '*lacrima* y *lacus*' que luego llegan a convirtierse en lágrima y lago.

Las otras diferencias son los diptongos, que el latín no se pronunciaban, pero en los idiomas bálticos eran abundantes al punto de modificar en España muchas palabras latinas agregándoles el diptongo; ejemplo de ellas se ven en palabras como '*bonus*' cual *resulto* a 'bueno,' '*novus*' se transformó a 'nuevo,' '*regnum,*' en 'reino' y '*ferrum*' *se convierte* en hierro.

En realidad, aqui vemos como la voz scanda, scandinavia y scandia, o las scandzia, scandza, scançia a las que Jordanes se referia, muestran típicamente los errores y tambien indican como los idiomas bálticos fueron introducidas por los godos en España, cual palatiza las palabras Latinas. A partir del siglo XIII los bálticos occidentales se fueron sucumbiendo ante los teutones, y los bálticos orientales avanzaron sobre la casi totalidad del territorio Europeo, los bálticos orientales utilizaban la palabra *skandina* con más frecuencia cuando hablaban de costas y luego surgieron los mitos sobre Escandinavia, etc.

Luego vamos viendo entonces la diferencia entre los godos y los visigodos, los visigodos que invadieron España en el siglo V, procedían de Prusia oriental y se autodenominaban *godos del crepúsculo*, mientras que los ostrogodos que invadieron a Italia, eran los *godos de la aurora*, según sus raíces bálticas.

Los visigodos eran los godos occidentales y los ostrogodos eran los godos orientales, como lo indican sus nombres y lo confirman sus lugares de origen. Los visigodos gobernaban España, con su rey Aguila y a partir de 554 entronizaron a Atanagildo. Los ostrogodos estaban en Italia donde su reino se inició en 493 con la entrada de su rey Theodorico en Ravena, su reino duró hasta el año 555, cuando muerto ya Theodorico ocurrió la rendición final de las tropas ostrogodas ante la invasión bizantina.

La lengua que deformó el latín y a la que Alfonso X El Sabio otorgó alcurnia de lengua escrita y culta, era el antiquísimo idioma que sus antepasados godos insertaron en el latín que encontraron en España. Ese injerto no contenía los rasgos de un idioma germánico o Escandinavo, además, los conocimientos que tenía Alfonso X, El Sabio de la antigua historia de los godos se evidencian por las precisiones y ampliaciones que agregó a los textos anteriormente conocidos sobre la Historia de los Godos, cuando *El Rey Sabio* la incluyó en la *Crónica General de España*. Ya que no sólo sabía de dónde provenían los godos y sus lenguas, sino que tambien los consideraba portadores de una antigua tradición cultural.

Adelante vemos que el mayor número de voces bálticas transferidas a los idiomas fino-ugrios y luego introducidas al Español, versan sobre las novedades introducidas en la economía, por el cual primeramente son nombres de animales domésticos, vocablos relacionados con el cuido y aprovechamiento de esos animals, nombres de cereals, semillas y sobre todo un extencivo vocabulario relacionado con los cultivos, la hilandería. Cuyo vocabulario da evidencia durante sea epoca, los bálticos practicaban la agricultura, cortaban el pasto para guardar el heno, aprovechaban la paja y utilizaban utensilios especialmente diseñados para esas labores. Aprovechando incluir palabras como *semilla, mijo, lino, cáñamo, paja, heno, rastrillo y huerta, al idioma Espanol.* Restos de huesos de animales domésticos encontrados durante las excavaciones arqueológicas de las viviendas bálticas del segundo milenio antes de Cristo y el vocabulario transmitido en esa época, indican la industria de la cría de estos animals. Tambien la *diversa lista de nombres de animales domésticos recibidos de los bálticos como el carnero, el chivo, el lechón y el ganso prestan credito a su contribucion linguistica a la lengua. Existe todo un grupo de voces referentes a la hilandería, tal como el volante de la rueca, la lana, el desgargolar el cáñamo, los lizos de un telar, la cuerda, etc. Todos estas, dan muestras productivas, e industrial de textiles, junto a ellas también encontramos palabras como yugo o juhta, y otras como junkta-s, jungti, cual significa 'juntar, colocar el yugo,' previene porla introduccion de los Godos.*

Hace cerca de 4.000 años los godos Balticos introdujeron al vocabulario *vocablos para designar el hacha, el gorro, el zapato, la jarra, el cucharón, el mango, el gancho, la cesta, el tamiz, el cuchillo, la pala, la escoba, el puente, el barco, la vela, el remo, la rueda, el trineo, la pared, el paral, la pértiga, la vara, la flecha y la sauna.*

Nuestras investigaciones indican que tambien se transmitieron varios instrumentos musicales como la cítara del idioma lituano. Existe una largo lista nombres de colores que resultaron ser de origen báltico, como el amarillo, verde, negro, oscuro, gris azulado, acompañados de un sin numero de adjetivos como ancho, estrecho, vacío, tranquilo, viejo, secreto, valiente.

Se cree que palabras como amor y deseo habian sido transmitidas en una época muy temprana, ya que encontramos una idéntica apariencia en los idiomas fino-ugrios del norte y en los del Volga. En el idioma Lituano *meilé - amor - mielas - querido; en finlandés mieli, en erza-mordvin mel, en udmurtio myl*. Luego notamos el alto grado de intimidad alcanzado entre los godos bálticos, donde se evidencia en la transmisión de palabras que indican las diferentes partes del cuerpo entre el hombre y la mujer, tales como el cuello, la espalda, la hendidura de la rodilla, el ombligo y la barba; todas ellas de origen báltico.

Tambien encontramos palabras que indican al vecino o que designan a los miembros de la familia, como hermana, hija, nuera, yerno y primo hermano. Dentro de las areas de contacto en materia religiosa son evidenciadas por las palabras que designan el cielo, encontramos palabras como *taivas* que viene de la voz báltica *deivas*, que indica a Dios. La cantidad de palabras introducidas por los bálticos relacionados con industria, progreso, economía y tecnología moderna en la produccion de alimentos, todo esto indica que los godos bálticos llevaron y contribuyeron en gran parte de la civilización de España y las regiones habitadas por cazadores y pescadores en el Noreste de Europa. Gracias a la tecnologia moderna de hoy dia, cual avanzan los estudios arqueológicos por todo el mundo, confirmando asi que los intercambios culturales y económicos eran muchísimo más desarrollados de lo que se creía durante la Edad de Piedra y la Edad de Bronce. El origen de los godos balticos y sus rutas comerciales fueron fáciles de trasar dado a que el producto principal de exportacion era el ámbar. Y casi todos estiman que la region donde más abunda el ámbar es el sureste del mar Báltico; donde las enormes cantidades recolectadas previene de las costas de Letonia, Lituania y Prusia.

Hacia el año 375 comiensa la irrupción de los hunos, el cual obliga a los godos a regresar a la vida nómada. Los hunos llegaron a caballo feros mente comandados por el terror. Segun todos los acontecimientos historicos, por donde pasaban los hunos nunca volvía a crecer el pasto. Y con todas las desastrosas consecuencias ecológicas que surgieron durante esa horrible época, la expresión que se uso al verlos aproximarse indicaban *viene la plaga*, para referirse a ellos. Por esta razón se dice que los godos decidieron dividirse en dos grandes olas migratorias y retirarse valientemente de España para evitar confrontarse con ellos. Luego los *ostrogodos* o godos de Oriente se movieron a lo largo del Danubio hacia territorios que hoy pertenecen a Rumania, Bulgaria y Turquía. Más tarde se expandieron por el norte de Italia, estableciendo un poderoso reino en torno al mar Adriático. Su capital Rávena, que alcanzó su mayor esplendor bajo el reinado de Teodorico el Grande, también conocido como Teodorico de Verona quien murio en el 526.

Luego los *visigodos* o godos de Occidente, abandonan Roma y deciden ocupar la península balcánica despues se trasladan a Italia y en el año 410 retornan a Roma comandados por Alarico. En el curso de ese siglo establecieron un reino que abarcaba todo el suroeste Francés y el noreste Español. Los primeros pueblos germánicos habían comensado a arrivar a España a principios del año 400, su poderosa influesia beneficio en la formación de los pueblos y culturas del centro y sur de la península, así como en los idiomas que más tarde aportarían elementos para la formación de la lengua castellana. Las otras tres tribus germánicas que invadieron la península ibérica fueron los suevos, los alanos y los vándalos para finalmente deportar a los hunos.

Segun los datos historicos, los suevos fue el grupo más importante de los tres dado, a su fuerza, su arrogancia y su abilidad belica. Ellos ocuparon la zona noroeste de la península y establecieron un reino independiente. De ellos surgio una mezcla entre los lusitanos y celtas que existían allí desde tiempos remotos, y de esta manera fueron surgiendo las características propias de los pueblos Españoles del norte. Los vándalos ocuparon las zonas meridionales, o sea el sur y los alanos, el grupo más grande ocupo el territorio central y el litoral sureste de la Península; o lo que hoy dia se llama Castilla, La Mancha y el Levante Español. Despues de sus conquistas en Italia y Francia los visigodos siendo arrianos retornaron a España en el año 414, despues de lograr hacer pactos políticos y militares con el obispo de Roma, quien ya comenzaba a autodenominarse como *Papa*.

Sabemos que estos pactos eran de extrema importance para el papa, quien durante esa epoca poseia la maxima autoridad de reconocer las conquistas territoriales de los godos, tambien el poder teologico de brindar legitimidad a sus reyes. A cambio de esto, los godos obligárian a todas las tribus y reinos antiguos a reconocer a dicha santidad como la cabeza suprema y única de la iglesia cristiana. Osea que a medida que la religión cristiana se extendia por Europa occidental, el papa era igualmente reconocido como Obispo, Jefe Supremo y emperador espiritual, político de Roma. En corto tiempo los godos lograron apoderarse del centro de la peninsula, derrotando a los Alanos en el año 416 y luego juntandose a los Visigodos más tarde, en el 429, para derrotar a los Vándalos. Fue despues de esta batalla la cual obligo a los Vandalos huir por ultima ves al África donde implementaron su ultimo reinado en el Norte del continente Africano.

Varios años mas tarde, en el 506 Alarico, hijo y sucesor de Eurico, promulgó la llamada *Ley Romana de los Visigodos* para los Hispano-Romanos, pero esta era no mas una compilación de preceptos tomados del Derecho Romano. Los Visigodos comensaron a florecer como reinado bajo el mando de Atanagildo desde el año 554, 567 al 568. El período siguiente, durante la epoca de los años entre el 569 al 586 su reinado se resplandece bajo el mando de Leovigildo. Leovigildo, fue acreditado como el verdadero creador de la grandeza visigoda y considerado hombre de gran calidad por su capasidad militar, despues de vencer a los Suevos e incorporar sus territorios al reino visigodo. Despues de incorporar a los Suevos y unificar a los visigodos con los Hispano-Romanos, Leovigildo desidio imponer a todos bajo el arrianismo visigodo; aunque durante esta era, esta teologia estaba bastante débilitada, ya que el control papal Romano empesaba a cojer raizes firmes. Promoviendo que el Catolicismo se extendíera, causando asi division entre la nobleza visigoda y los arrianos irreductibles. Los cuales terminan separandose en dos bandos, conocidos como los *remotos antecesores de los liberales* y los *católicos beatos*. Once años mas tarde en el año 579, Hermengildo, hijo de Leovigildo, logra acercarse mas al imperio y abrazar la religión Cristiana al casarse con una princesa católica… logrando finalmente anclar su ultimo deseo, cual era el de que un godo llegara a convertirse en líder de la población HispanoRomana. Entre los años 586 y 601 durante la epoca del reino de Ricaredo, quien en 589 se habia convirtidó al Catolicismo ante los obispos hispanorromanos reunidos en Toledo, es entonces cuando viene a tomar una forma definitiva el pacto de los *"godos Hispánicos con los curas Romanos,"* un pacto que llega a durar tras los siglos y que llega a poner a España como máxima autoridad en representacion y defensa a sangre y fuego del catolicismo. Varios años despues durante a principios de la segunda década del siglo VII los en el 612 A.C., cuando los nobles arrianos tratan de rebelarse en contra de la doctrina católica, el rey Sisebuto se efecta para decretar la primera ley religiosa contra el arrianismo. Es en ese entonces cuando se dan cuenta, aunque para ellos ya es un poco tarde, porque ya no contaban con el apoyo real; quedando sellada para siempre la alianza entre los godos y el Sumo Pontífice. Luego entre 649 y 672, durante el reinado de Recesvinto quien en el año 654 hubiese promulgadó el *Liber judiciorum*, cual código de leyes, da suma importancia histórica, por la cual finalmente nace la nación Española.

Este fue un paso del avanse decisivo hacia la unidad nacional, el codigo Liber Judiciorum, en efecto fue el primer código en el cual se incorpora un concepto territorial a las leyes Españolas, al regir por igual a todas las personas y pueblos residentes en el reino. Y es desde esta temporada en adelante, cual tanto los godos como los Hispano-Romanos, los judíos y todos los otros habitantes de España quedan sujetos a la misma ley. Aunque claramente hay que reconocer al pueblo vasco, quienes seguían negándose a aceptar la sujeción a reyes extraños; la cual suele admirable a muchos historiadores e ínvestigadores.

Durante la mayor parte del siglo VII la cultura goda, o gótica permanecio vivamente anvansando entre la población Hispano-Romana, la cual adoptó costumbres godas. Al igual los godos se fueron civilizando y adaptando a los cambios, ejemplo, juntando riquezas, poder, construyendo edificios góticos y finalmente desarrollando la historica mezclan de latín con gótico que poco a poco fue tomando forma de *latín vulgar*, o una forma embrionaria del actual idioma Español. Durante esa epoca una infinidad de nombres y palabras Balticas, Germánas se fueron españolizando, ejemplo, *Roderico* se convierte en *Rodrigo*, *Karl* se transforma a *Carlos*, *werra* se convierte en *Guerra, etc.* Eventualmente al mismo tiempo las técnicas y artes relacionadas con las guerra iban perdiendo su personalidad latina y fortaleciendo sus características germánicas.

Mientras tanto, Mahoma nace a finales de la quarta parte del siglo VI, en el año 579, segun investigadores, muchos historiadores antiguos le acreditaban desde temprano como uno de los hombres más extraordinarios creado por la humanidad. Mahoma fue un ardiente reformador y revolucionario quien, al fundar el gigantesco movimiento humano del Islam, logro cambiar para siempre la historia de los pueblos Hispánicos. Sin embargo, el pueblo godo, Hispano-Romano aun ignorantes sobre tematicas relativas al cercano Oriente, seguian dominando y manipulando España al estilo godo, sin cuido ni preocupacion al hecho que Mahoma y el movimiento Musulman iban creciendo hasta lograr convertir sus tremendas ideas a un magnifico movimiento religioso. Para la temporada del año 711 A.C., Islam había crecido por todo el Oriente y los fieles seguidores de Mahoma se lanzaron a la Guerra Santa. La oleada invasora de los Moros, procedentes del Norte de África llego a mediados del mismo año 711. Don Roderico Rodrigo, quien historicamente se conoce como el último rey visigodo, fue derrotado por las cimitarras del Islam. Durente esa misma temporada los mismos nobles partidarios de los hijos de Witiza, conocido rival de Roderico, traicionan a su pueblo, haciendo realidad de la catástrofe en la batalla de Guadalete. Para ese entonces, los moros ya eran expertos guerreros excelentes gobernantes autoritarios, amantes de la vida y sus placeres, quienes en ves de pelearse entre si mismo como lo hacian los godos, se reunían a jugar ajedrez, a resolver problemas de álgebra, o simplemente a refocilarse con sus odaliscas. Durante esa misma epoca introdujeron su amplia escuchada música, la filosofía y la teología, cual compartieron con los Judíos y los Cristianos. Ese mismo siglo en España inventaron el helado y trajeron de tierras remotas la destilación, la astronomía, los principios de la medicina experimental, la psiquiatría y la farmacología, entre otros avanses interesantes que aun usamos hoy dia. Siete años despues en el 718, los moros se dirigieron a Francia cruzando los Pirineos, y en esa misma epoca el príncipe godo Don Pelayo inicia el heroico proceso de la Reconquista, enfrentandose y derrotando brutalmente a las tropas Musulmanes de al-Andalus, en la histórica batalla de Covadonga. En el año 732, en las anchas praderas que se extienden entre Tours y Poitier, territorio Frances, el godo franco *Carlos Martel,* logra despedazar a los moros; dando comienso al final de la ofensiva de Islam en el continente Europeo. Mientras tanto los moros quedan casi aislados en el centro-sur de la península Ibérica, dando allegada fama a la cultura y desde esa epoca, llevar sangre goda en España era un honor y un incentivo de lucha tras la cercania de los 800 años que duró la Reconquista hasta la definitiva expulsión de los moros, cual vino con la toma de Granada en 1492. Segun escritores e historiadores, "para los Españoles de aquel entonces, la Reconquista fue una gesta de Godos contra Arabes, reivindicación legítima, considerando que tal movimiento fue liderado por una clase dirigente cual núcleo prevenia de una nobleza de origen predominantemente godo." Aunque tambien agregan que actualmente el "ser godo en España hoy dia a sido olvidado, cual aun permanece semivigente en América Latina. Razon por esta talves según la historia, se dice que aunque los godos convirtieron su patrimonio en sinónimo de nobleza y que fue de esa manera, evaluar la palabra godo en America Latina apararentemente suele ser rencoroso, ya que anteriormente se designaban como miembros de la clase dominante por razones ancestrales. Realmente varias encyclopedias LatinoAmericanas, ejemplo la *Quillet de Argentina* es aún más directa en su significado, en ella nos dice: "*hacerse de los godos, es blasonar de noble. Ser godo,* significa ser de nobleza antigua."

Historia de los Arrianos, Ortodoxos y los Judíos

Tras avansaba la epoca del siglo IV, los visigodos seguian el arrianismo que a este punto amenasaba con extenderse por todo el Imperio Romano, aunque con pocos enfrentamientos significativos por los denominados Cristianos ortodoxos, cual era una población en su mayoría entre los HispanoRomanos Católicos. En los Concilios de Toledo celebrado en el ano 589, se solventa la división provocada por el arrianismo, sobre todo la conversión de Recaredo en el 587, cual proceso logro llevar una unificación de ambas confesiones. Aquella situación favorecio tres cuestiones fundamentales; la primera siendo la plena integración entre las comunidades godas e Hispano-Romanas, la segunda, fue el ascenso de la sociedad feudal católica a las estructuras del poder visigodas, y la tercera cual consiste en la aparición de figuras fundamentales de la nueva cultura como Isidoro de Sevilla. Sevilla, fue un Obispo cuyas etimologias, fueron consideradas por muchos como la primera gran obra de la Edad Media. Por medio de ellas, la iglesia logro ganar tremenda influencia social por cual sostuvo la legitimidad de los reyes a partir del 672, por medio de esta unificacion tambien el obispado de Toledo logro convertirse en el más importante de todos los peninsulares.

Mientras tanto, la relación entre ellos y los Judíos continuo siendo siempre tensa, aunque al inicio del periodo visigodo los problemas entre ellos eran menores, pero la unificación con los arrianos llevo una mayor discriminación especialmente estricta contra la amenaza judía. Razon por la cual muchos de ellos se convirtieron falsamente. En el caso de Sisebuto y Égica, a quienes les confiscaron todas sus propiedades y les acusáron de conspirar contra la corona; pero las medidas más comunes eran la prohibición de los matrimonios mixtos, aun en caso de judíos conversos. A los judios tambien se les prohibia que tuvieran esclavos Cristianos y eran sometidos a constantes reparaciones económicas sin motivo alguno.

Historia de La Llegada de los Celtas

¿Quiénes eran los Celtas? Considerada por muchos durante su epoca como una de las mas fuertes culturas aun permanecian sin un pueblo. Los Celtas fueron impulsados por el imperio Romano de un lado y los Germanos por el otro, hasta quebrantar el imperio Celtico dentro de Europa central. Empujados hasta someterlos a quedar en las costas occidentals, los Celtas era un pueblo de character fuerte la cual los ayudo a sobrevivir aun cuando eran dominados por los fuertes imperios. Apesar de todo lograron mantener una continuidad característica y cultural la cual se cree que facilitó su dominio, y no les permitio tener un verdadero estado Celta a causa de la primacía de las estructuras tribales y familiares. Cuya división los mantuvo militarmente débiles ante invasores bien organizados, como los Romanos, cual se estima que sin embargo aun asi les llevó años para conquistarlos. Aunque paradójicamente sucedío lo contrario con las costumbres y los valores, protegidos de influencias externas, por los fuertes vínculos parentales, en donde el clan estaba por encima de toda organización estatal, y unificaba y cobijaba a sus miembros. Por eso no resulta extraño que los pueblos con influencia cultural celta conformen distintos estados y hasta hablan diferentes idiomas. Esa antigua unión se manifiesta entre los diferentes intérpretes de la actualmente denominada música Celta, ya que no comparten la nacionalidad ni la lengua, pero conforman una misma cultura, ejemplo por el cual se dice que la unidad se manifiesta en el folklore, en el sentido religioso de los aspectos naturales panteístas, que el cristianismo les brindo con certeza a la hora de la conversión de estos pueblos.

Para poder comprender y estudiar mas afondo esta cultura tuvimos que hacer un breve resumen histórico de esta singular etnia, cual contiene raíces en países tan diversos como Escocia, Irlanda, Gales, la Isla de Man, Cornualles, Bretaña, Asturias y parte del norte de Italia. Nuestros estudios indicant que los Celtas originaron de Asia y que luego formaron parte del tronco como miembro del pueblo indogermánico, que se estableció en el occidente de Europa, en el siglo XX A.C. En el año 1000 A.C. ya se habian extendido por las Islas Británicas, norte de Francia, parte de Suiza y el norte de Italia. Cuando los Celtas invadieron a España en el siglo IX A.C., durante la etapa de su arrivo su lengua ya era indoeuropea, del cual aun se conservan escasos registros literarios. En el siglo IV A.C., los Celtas fueron desplazados del centro y norte de Europa, esto se cree ser a consecuencia de la llegada de otros pueblos, principalmente los germánicos quienes ya empesaban a desarrollar las denominadas culturas de Hallstatt y La Tène.

El primer manifiestó importante de los celtas fue durante el período de la primer Edad del Hierro, cuando tomó el nombre de una localidad de la Alta Austria, el cual se originó a partir de la Edad del Bronce, en donde el hierro llego a substituyir a los otros materiales en la fabricación de elementos del hogar y armamentos de guerra, tales como la espada, las puntas de lanzas, hachas agujas, recipientes, de agua, hoyas o calderos, cuchillos y puñales. La Tène, cual es identificada como la cultura celta de la segunda Edad del Hierro, se estructura en tres o cuatro períodos. Esta se desarrolló entre la Hallstatt y la conquista Romana en los años 450 a 50 A.C. Aquellos que compartieron esta civilización, se destacaban por la elaboración de elementos como grandes espadas, escudos alargados, grandes hebillas que construían pero fueron mayormente reconocidas por sus fortificaciones en las cumbres y por el proceso de acuñar su propia moneda.

Los Celtas fueron caracterísados por sus historicos monumentos como el de los los *Dólmenes del gaélico tohl* mesa y maen, piedra. *Menhires* del gaélico maen o piedra *hir* alta o erguida, Trilitos. Los primeros describen un megalito compuesto por una roca plana en forma de laja, puesto horizontalmente sobre dos o mas pilares verticales de piedra; los otros se refieren a una roca aislada de tres a ocho metros de alto. De estas también se destacaron las imponentes tumbas megalíticas desarrolladas en las modalidades de atrio de galería de portal o la combinación de estos. Una de las principales de estas es en darle merecida consideración a la famosa y misteriosa formación de alineamientos megalíticos conocida como *Stonehenge,* que se encuentra a 13 km. al norte de Salisbury, en la ciudad del condado de *Wiltshire,* al sur de Inglaterra. Las mas recientes excavaciones y mediciones con carbono 14, demuestra que *Stonehenge* posee una historia excepcionalmente prolongada por su uso como centro ritual o religioso. Su construcción abarcó cinco etapas, donde la primera tuvo inicio cerca de 2, 800 años antes de Cristo. A diferencia de los Romanos, quienes construían sólo dentro de los límites de la ciudad y cerca de sus famosas rutas como la *Via Apia*, los Celtas construían en torno a la naturaleza, por eso vivían más en contacto con ella que culaquier otro grupo durante su antigua epoca. Los celtas también fueron portadores de la denominada cultura *urnenfelder* o campos de urnas. Habitaban en poblados situados en montículos de fácil defensa, llamados Galicia o *Castros,* con las viviendas distribuidas irregularmente. Su economía fue conocida como una fuente cerrada, pastoril y ganadera. Sus guerreros y pastores se organizaban en variedades de tribus, clanes y grupos. Socialmente se desarrollaron progresivamente, diferenciándose en clases sacerdotales conocidas como *druidas, nobles, comerciantes y campesinos.*

Los Celtas tambien nos dejaron dias de festejos recordatorios en la historia que aun hoy dia viven en nestras celebraciones anuales. Uno de los días mas significativos para el pueblo Celta segun los estudios fue *el 1° primero de Samonis*, cual significa *reunión*, el cual hoy dia es equivalente al primero de noviembre. Para los celtas significaba el inicio del año y tras la llegada del Cristianismo se transformó en el día de *los Santos y los Difuntos.* Samonis luego se convirtio en *samuin* o *Samain* en Irlandés antiguo, y *samhain* Irlandes moderno. Ademas de ese día, tambien celebraban el encuentro amoroso, a orillas del río *Moriríganí*, con Teutatis, el Dios de la Tribu, padre de los hombres y señor del mundo inferior. Ella era la diosa única céltica, en su aspecto de señora del mundo inferior y de la guerra, "la Reina de espectros". La versión de esa pareja para los Irlandeses eran Morirían y Dagda; en las *Galias Francia* se llamaban *Sucellos y Herecura*; y en Hispania, Endovellicos y Ataicina. La cita amorosa tenía una consecuencia importante, puesto que la diosa le proporcionaba a su amado los secretos para salir victorioso en la próxima batalla mítica.

Para el folklore, *Halloween,* tenemos que tomar en cuenta y recorder que su origen es en el hemisferio norte, el comienzo del año oscuro. Los celtas, al igual que otros pueblos antiguos, empezaban los ciclos temporales por la mitad oscura. La jornada tenía su inicio con la caída del sol y el año con el principio del invierno *boreal.* Un punto de vista interesante para tener en cuenta es que este festival se asociaba con el aire, el agua, el fuego y la tierra. Para ellos estos no eran solo los elementos fundamentales provenientes de los Griegos presocráticos, sino que como categorías de

147

aprehensión de la realidad fueron de todos los indoeuropeos y también de muchas otras culturas. Entre las otras festividades historicas Celtas que fueron tomando adaptacion al cristianismo moderrno tenemos: *Ambiwolkà* circumpurificacion celebrada el primero de febrero, correspondía al agua, *Belotenià* o fuego brillante, cual giraba en torno de los fuegos de primavera, el primero 1° de mayo, fue una fiesta aún celebrada en el siglo pasado por los campesinos Europeos como la fiesta de los Mayos y en ciertas islas del Caribe como celebracion a la tierra fertil. Hoy curiosamente es reciclada como *el día del trabajo. Lugunàstadà* o matrimonio de Lugus, cual era la celebración del matrimonio sagrado del dios-rey Lugus con la Tierra, tambien celebrada el primero primero de agosto. Samonis tambien tenia mucho que ver con el aire, es decir, con los espíritus.

Origen e Historia de Los Lusitanos

Los *Lusitanos:* aunque los historiadores y arqueólogos todavia continúan envueltos en agitadas discuciones según su origen étnico, se cree que la palabra es de origen Celta y que probablemente proviene de una composicion entre las palabras *Lus* y *Tanus,* o *Tribu de Lupus.* Según los estudios, las tesis mas recientes y modernas, los Lusitanos eran de origen pre–Celta y se establecieron en la región en el siglo VI A.C., como lo prueban los escritos en lengua lusitana encontrados en territorio portugués y Español. Una de las hipótesis vistos de mejor credibilidad, es la que indica que su origen, al igual que su lengua es indoeuropea y no céltica, ya que esta también presenta una importante influencia de la misma, cual se dice quizás ser indoeuropea. Posteriormente, con la llegada de la cultura de los *Campos de Urnas Célticas,* este sustrato indoeuropeo se vio influído por una cultura ya plenamente céltica, y fue de esta mezcla, junto a las influencias Atlánticas y Mediterráneas, de donde surgió la cultura Lusitana.

Los Lusitanos estaban entre las numerosas tribus que habitaban la Península Ibérica cuando llegaron los Romanos y se encontraban en la parte occidental. El pueblo de los *lusitani,* es aun considerada por algunos autores como *la mayor de las tribus ibéricas,* con la cual lucharon los Romanos por muchos años. Uno de los primeros en mencionarlos fue *Tito Livio* escritor del siglo I A.C., quien los menciona incorporados como mercenarios en el ejército de Aníbal, tomando parte en la Batalla del Trebia y luego atravesando los Pirineos después de la destrucción de Sagunto en su camino a Italia.

Años despues tambien varios otros autores los incluyen con los *galaicos lusitanos.* Por su parte tenían por vecinos en el Oriente a los Astures y a los Celtíberos. Dentro de las primeras documentaciones del pueblo Galaico, aparecen cuando jugaron el papel de mercenarios de guerra junto al ejército del caudillo *Luso Viriato*. Luego fueron administrados por Roma como provincia autonoma en la Gallaecia, junto con los *galaicos castrejos* al norte del Duero. Posteriormente siguieron al margen de la Lusitania y de la Hispania, Tarraconense, tras ser conquistados por Décimo Junio Bruto el Galaico. Según los historiadores, los lusitanos fueron considerados como los mas hábiles en lucha de guerrillas en su epoca, y lograron comprobar sierta habilidad, tras ser capitaneados por Viriato. Durante estos desplejes, ultimamente liberandose del cerco de Cayo Vetilio y del perseguimiento hasta el desfiladero de Ronda, donde desbarataron las tropas Romanas. Eran expertos utilizando armas como el puñal y la espada, el dardo o lanza de tiro hechas de hierro, y las lanzas de punta de bronce.

Según los autores antiguos, los Lusitanos practicaban sacrificios humanos y cuando el sacerdote hería al prisionero en el vientre hacían vaticínios según la manera de como caía la víctima. Tambien se dice que se juntaban todo el cuerpo usando baños de vapor del cual lanzaban agua tibia sobre piedras calientes y enseguida se tomaban un baño frío, que comían no mas una vez por día y que no solo sacrificaban a su idolo *Ares,* prisioneros pero también, a sus caballos, chivos, etc. Tambien practicaban ejercicios de gimnasia como el pugilato y carreras, simulacros de combates a pie o a caballo. Los hombres al igual que las mujeres bailaban en danzas de rueda al son de flautas y cornetas, del cual cada uno tenía sólo una mujer.navegaban usando barcos hechos de cuero, o de un troncos de árboles. Las luchas de los Lusitanos en defensa contra el abuso Romano comenzo en el año 193 A.C., en el año 150 A.C. el emperador Serbio Galba, aceptó la paz después de haberles infligido grandes derrotas a los lusitanos, con la condición de que ellos entregaran todas sus armas.

Luego cambio de opinion y aprovechandose una ves que los vio desarmados los rodeó con su ejército, ordenando el ataque de unos 10,000 quienes fueron acuchillados a muerte y otros 20.000 que fueron aprisionados y luego vendidos como esclavos en las Galias en el año 150 A.C. Claro que esto causo aún más la revuelta y durante mas de ocho años los Romanos sufrieron grandes perdidas, esta ultima lucha tambien acabó con el asesinato a traición de Viriato por varios compañeros sobornados por el oro Romano.

Pero la lucha no paró y para intentar acabarla Roma mandó a la Península al cónsul *Décimo Júnio Bruto,* quien fortificó *Olissipo,* hoy Lisboa, estableciendó la base de operaciones en *Méron* próximo a Santarém, y luego marchando al Norte, matando y destruyendo todo lo que encontró a su paso hasta al margen del Río Limia. Aun asi, Roma no logro conseguir la sumisión total y el dominio del norte de la Lusitania. Este sólo pudo haberse logrado casi dies años despues con la toma de Numancia, en la Celtíberia que apoyaba los castros del Noroeste. No fue hasta en el año 60 A.C., que finalmente Julio César logra someter definitivamente al pueblo Lusitano bajo el dominio del imperio Romano.

Los Astures

Los astures fue un pueblo de la Antigüedad habitada al norte de la actual España. Segun los historiadores antiguos, Asturia era de dudosa afiliación lingüística, con clara presencia de términos relacionados con el grupo Céltico indoeuropeo. Su territorio comprendía aproximadamente las modernas provincias de Asturias, León, oriente de Lugo y Orense y norte de Zamora. Se considera que el origen y formación de esta cultura radica entre otros aspectos, en la mezcla de una población autóctona cuyo origen no está muy claro y la llegada de un grupo de población de la zona centro Europea. No obstante, el conjunto de etnicidad de este grupo de comunidades no parece claro, y la mayoría de investigadores actuales se inclinan por pensar en que la denominación de *astures* sería solamente un convencionalismo empleado por los Romanos a su llegada al Noroeste peninsular durante el siglo I A.C. Más bien hay que pensar en grupos de comunidades locales, organizados siguiendo valles y unidades menores del territorio. Esto puede confirmarse bien en las singularidades que presentan las decoraciones cerámicas de la Edad del Hierro, que denotan particularidades comarciales.

Etimología del Etnónimo

Mientras las culturas Hispano-Celtas y Castreñas han dejado sus huellas al sur de la cordillera desde al menos la Segunda Edad del Hierro, al norte de la misma la población debió ser muy escasa con anterioridad al siglo II A.C. cuando coincidiendo con el apogeo de la cultura Hispanocelta, comienza la Celtización de la Asturia trasmontana. Por tanto, al igual que comentában para todo el noroeste peninsular, la actual Asturias sería la última zona del territorio Astur en conocer la cultura celta, y al mismo tiempo la que mejor ha conservado su acerbo cultural; siendo consecuencia los dos fenómenos de una misma causa, por cual, los acondicionamientos geográficos de la región, notablemente aparta las influencias culturales ajenas al territorio. Aunque se han sugerido otras hipótesis, sobre que Astura puede provenir del *euskera* asturu o suerte, *aztikeria* magia, aztura o costumbre. Cual seria en tal caso, apodo originario de parte de los Vascos, para los Celtas por la región que ocupaban.

Según los mas recientes estudios, se cree probable el etnónimo *Astures, Estures o Stures*, fue designado en un principio a uno de los muchos pueblos que por afinidad cultural conformaron la tribu de los Astures, pasando posteriormente y por extensión, a denominar a ese conjunto de pueblos, tal y como ocurrió entre los Galaicos con los Kallaekos. En cualquier caso, no parece haber duda en que los Astures recibieron su nombre dado en cuanto habitaban en las orillas del *río Astura Esla*, entre los anos 1004 y 1010; tras la fluvial corriente adquirida, cual da el significado de 'paso difícil.' Además de ser un adjetivo propicio para designar al río más importante del área astur, no presenta objeción lingüística alguna. La raíz cultural se conserva en el Sánscrito *Sthūrá* 'denso y ancho' Avesta *Stūra* `amplio extenso' Germano *Stūr* `amplio' islandés *Stūra* y las más variadas formas

153

del Alemán y Anglosajón *Stieren, Stiuri, Stiura, Stiure, Steuer, Stēor,* etc. Y, aunque no se encuentran fácilmente vocablos derivados de esta raíz en las lenguas celtas de hoy, debió de ser de uso común en el Galo a temor de la cantidad de hidrónimos consignados. En Bretaña, Plinio glosa el Stur y un Sturia en la desembocadura del Elba. En la Galia cisalpina se ubicaba la tribu de los Esturos y un río Stura. Hoy en día existen tres ríos Stour en Kent Suffolk y Dorset, además del Esla *Astura* y el Astuera *antiguo Astora* en el concejo de Colunga *Asturias.*

Tambien se cree haber recibido este nombre el conjunto de pueblos o tribus que habitaban las tierras que los Romanos convirtieron en el *Conventus Jurídico de Asturia,* dentro de la provincia de Gallaecia. Aunque varios historiadores y autores antiguos sugieren que los límites del Conventus no parecen ser muy precisos, a occidente de los Cántabros y de los Vacceos, con quienes también se avecinan por el Sur, se encuentran los Astures ocupando gran parte de Asturias, León y Norte de la provincia de Zamora; ya que desde el Sella hasta la ribera del Gradefes junto al Esla, lo unico que los separan de los Cantabros son sus lindes orientales. Y desde el Esla, crusando el Duero hasta llegar a la frontera Portuguesa se separaban de los Vacceos. Al occidente se separaban de los Galaicos Lucenses y Bracarenses por el Navia y desde su desembocadura, hasta sus fuentes. Cual es major conocida como la rótula asturiana, la Sierra de Rañadoiro, para continuar por la Sierra de Picos de Ancares y Sierra del Caurel hasta el río Sil. Perteneciéndoles Quiroga y Puebla de Tribes, cual corre sus lindes por la Sierra de San Mamed, Montes del Invernadero hasta el nacimiento del río Sabor, perteneciendo Bragança a los Astures y siendo el límite más meridional dicho río hasta alcanzar el Duero. Cuando estudiamos las divisiones administrativas hechas por Roma durante su apogeo, no podemos pensar ni en la forma mas remota sobre la existencia de una previa homogenidad, politica, administrative o cultural, aun en la variedad de los diversos pueblos que habitaban el territorio delimitado. Una vez reconocidos los límites del *Convento Astur,* entonces podremos la subdivisión del territorio entre los astures que poblaban al norte de la cordillera Cantábrica y los que permanecian al sur así la cadena montañosa cual sirve como frontera de pueblos que presentan claras diferencias culturales entre los Astures Transmontani y los Augustani. Antes de la conquista Romana a los pueblos que habitaban tras la cordillera asimilaban a los Cántabros. Aunque ademas tambien se tomaban en cuenta las diferencias culturales entre la Asturia correspondiente del sur y el de la Cordillera Cantábrica

Descripciones del Pueblo de los Cantabros

El pueblo Cántabro, *Cantăber* latín, fue un antiguo pueblo preromano que habitaba en el litoral norte de la península Ibérica, en la actual España. Según los estudios arqueologicos, era una de las zona más extensas, la capital Cantabria se encontraba en Amaya, donde hoy actualmente se localisa la provincia de Burgos. A sus alrededores tambien se encontraban varias otras tribus o clanes, como *los salaenos, los orgenomescos, los avariginios, los blendios y los coniscos.* Hacia el interior del litoral tambien se encontraban *los cadinienses, los concanos, los plentusios, los tamáricos y los vadinienses.* Aunque muchos de estos tenian su propia cultura y muchas veces hasta su propia lengua, segun los Romanos, todos formaban parte del pueblo Cantabrio. La primera cita histórica documentada sobre este historico pueblo, es la cual recibimos por cortecia de la que nos proporciona Catón el Viejo en su obra *Los Orígenes*, de la cual aun se conservan varios fragmentos. En una de ellas nos habla de la campaña del año 195 A.C., que el mismo *Catón* realizó por la península Ibérica cuando era cónsul. En el nos dice… *"fluvium Hiberum; is oritur ex Cantabris, magnus atque pulcher, pisculentus"* El río Ebro nace en tierra de Cántabros, es grande, hermoso y abundante en peces. Estas referencias dan muestra que los cántabros ya era conocida como una comunidad social en el siglo III A.C. La cual nos permite datar su génesis entre los finales de la Edad de Bronce y principios de la Edad de Hierro. Ademas de estos textos escritos por *Catón*, tambien se encuentran numerosas citas literarias por los historiadores y geógrafos Griegos y Latinos. Especialmente las mas detalladas que sobre todo dan cubertura durante las resistencias entre las Guerras Cántabras, contra el imperio Romano.

El actual es copia de uno de los recien encontrados extractos del geógrafo Romano, *Estrabón* que a *continuación nos dice detalladamente: Estos* se alimentan, en dos tiempos del año, de bellota, secándola, moliéndola y haciendo pan de la harina. Forman bebida de cebada; tienen poco vino, y el que llega lo consumen luego en convites con los parientes. Usan manteca en lugar de aceite. Cenan sentados, dispuestos a este fin asientos en las paredes. La edad y la dignidad llevan los primeros lugares. Mientras se sirve la bebida bailan al son de la gaita y la flauta. Vístense todos de negro con sayos, de que forman cama, echándolos sobre jergón de hierbas. Tienen vasos de cera como los celtas, y las mujeres gastan ropas floreadas o de color de rosa.

Tras los versos del poeta Horacio nos llegan otros fragmentos que describen a éste indómito pueblo durante cuya epoca, en la cual nos canta… *Cantabrum indoctum iuga ferre nostra*, El Cántabro, no es enseñado a llevar nuestro yugo. Por los escritos antiguos sabemos que durante sus tiempos de apogeo, en lugar de dinero conmutaban una cosa por otra, o simplemente cortaban algo de una lámina o plancha de plata. A los condenados a muerte los precipitaban desde una roca, y a los patricidas los cubrian de piedras fuera de sus términos o de sus ríos. Los casamientos eran del mismo estilo y manera de los Griegos y a sus enfermos los sacaban al público, tal como hacian los Egipcios, en espera de recibir consejos de los que hubiesen sanado de tal semejante enfermadades. Durante los tiempos de su lider, *Bruto*, usaban barcas de cuero y troncos de árboles. Su rusticidad y fiereza proviene no sólo de las guerras, sino tambien por sus costumbres, de vivir aislados y apartados de otros pueblos y sus gentes. Con las cuales no compartian comunicación alguna, tambien se nota la falta comunal de una sociedad y humanidad. Según los Romanos y *Augusto*, decia que *eran un grupo de inhumanos, quienes contribuyian a la aspereza de los montes en que viven.* ("Que se lávavan con orines que dejaban pudrir en las cisternas, con la cual los hombres y las mujeres se limpiaban los dientes." Que las madres mataban a sus hijos durante la epoca de las guerra Cantábrica para que no cayesen en manos de los Romanos quienes eran sus enemigos.)

Otras leyendas antiguas nos dicen que un mozo, viendo a sus padres y hermanos prisioneros, los mató a todos por orden del padre, que le dio el hierro o espada para hacerlo. Otro, llamado a un convite, se arrojó en el fuego. Según su cultura, las mujeres labran los campos, y al final del dia de laborar dejaban a acostar a sus maridos mientras que ellas tambien les servian. Tras su estudio cultural tambien encuentran pruebas de la demencia mental cantábrica, o fiereza, ejemplo, algunos aun viéndose clavados en cruces por los Romanos, todavia cantaban alegremente. Tambien se sabe que algunos ampliamente mantenian y se administraban un tipo de hierba parecida al apio, del cual formaban un potente veneno y lo usaban para activar sus muertes instantanea sin dolor. Según historiadores, mantenian este veneno a mano para usarlo en cualquier momento de adversidad, especialmente si fueran arestados por los Romanos. Aun siendo tan fieras en batalla, otra parte de su cultura según se estudia, el varón dotaba a la mujer quien se instituyia como heredera y a las hijas; a quienes casaban con los hermanos, lo que es probable creer que existia alguna superioridad imperial de la mujer sobre el hombre.

Su genealogía indica que en los yacimientos arqueológicos cantábricos se encuentran, sobre un substrato neolítico matriarcal, elementos de poblaciones indoeuropeas previas a las Célticas. Se cree que estas poblaciones eran procedentes de la región del Danubio y la cultura funeraria de Campos de Urnas durante la edad del Bronce. Luego se asentaron posteriormente en torno al alto Ebro, durante el segundo milenio antes de Cristo. Tanto los gentilicios usados por algunas tribus o clanes cántabros en particular el de los *orgenomescos* o argentomescios quienes fueron desplazados finalmente al interior mas montañoso al igual que los cultos *equinos, los sármatas, los moesios y Mekhi o Micénicos.*

Según los estudios genéticos de la actual poblacion conducidos por el Dr. James P. Mallory, los últimos grupos de lengua indo-europea procedíentes de las regiones al norte del Danubio también emigraron a lugares muy remotos. Logrando haci conservar sus culturas sus nombres originales y demas variantes. Otros estudios arqueologicos conducidos sobre estas poblaciónes que estudian el haplotipo o tipo de secuencia que comprende todas las secuencias idénticas. Al igual nuestras investigaciones indican que estas secuencias están compuestas por combinaciones alélicas al haplogrupo, o grupo de haplotipos que comparten un ancestro común. Es decir, estos haplotipos forman un conjunto que se repite en una población, y que define el haplogrupo. El estudio de estos haplogrupos es comparado al (AND) o *Ácido desoxiribonucléico* mitochondrial, cuales detectan los genes masculinos, a un porcentaje significante con afiliación al haplogrupo E3b. El halogrupo E3b, es mayoritario en poblaciones contemporaneas Europeas del ámbito del Mar Egeo, Macedonia, Bulgaria, Albania y la antigua Tracia. Este elemento genético indudablemente pudo bien haber llegado también al territorio Cantabrico posteriormente con las colonias de Romanos o dentro de las confederaciones de Vándalos, Alanos y Godos.

Los Vascones

Uno de los clanes dominantes en la zona más fértil y de acceso a los pasos de altura, fueron los plentusios *plentuish*, está relacionado con la cultura posterior de *La Tène*, propiamente céltica y proveniente del bajo *Rin*. Pudiera ser de las primeras tribus desalojadas por tribus germanas con una anterioridad de mas de 300 A.C. Estos son, quizás, similares en etimología e identidad a los *Pelendones celtibéricos* entre los ríos Ebro y Duero. Al igual de otra manera, grupos tales como los *Concanos, los coniscos, los salaenos* y otros pueblos pudieron haber sido relegados a zonas menos favorables de pastoreo, dentro de la comunidad tribal al parecer representar grupos célticos del Hallstatt o gentilidades matriarcales paleolíticos afines a los vascos.

De otra manera, los vascones *vasconum agrum* (latin) fue un pueblo de la Edad Antigua cuyo territorio se extendía entre el valle alto del río Ebro y la vertiente peninsular de los Pirineos occidentales, durante la epoca del imperio Romano. La región actualmente se corresponde en la época contemporánea con la práctica totalidad de la Comunidad Foral de Navarra y áreas del noroeste de Aragón y noreste de La Rioja. Los vascones, que alcanzaron un elevado grado de integración en el mundo romano especialmente en las tierras llanas y en las áreas de los principales asentamientos como Pompaelo y Oiasso, poblaron la región más norteña y montañosa, conocida como el Vasconum Saltus, durante la crisis económica y social que acompañó a la descomposición del Imperium y la presión causada por las grandes migraciones de pueblos germánicos y eslavos de principios del siglo V, entrando posteriormente en conflicto en diversas ocasiones con los reinos de visigodos y francos formados en ambas vertientes de los Pirineos. Tras la invasión musulmana de la península ibérica a principios del siglo VIII, que resultó en la disolución de la Hispania visigoda y la retirada parcial de los gobernadores francos al norte de Aquitania, los descendientes vascones, que habían adoptado el cristianismo durante el bajo imperio, se reorganizaron hacia el siglo IX entorno a las entidades feudales del Ducado de Vasconia, en el área de Gascuña, y la del Reino de Pamplona.

Los Vascones Dentro de la Época Romana

A Tito Livio es a quien se le dedica la primera reseña historiográfica y la mas antigua sobre el pueblo de los Vascones. El territorio que los vascones ocupaban durante la época antigua era conocida como el llano de los vascones o *Vasconum agrum* y atraviesa desde el río *Ebro* y la *civitas de Calagurris Nasica*, hasta los lindes con sus vecinos inmediatos siendo los *berones*. En otros estudios comparados se encontramos ese mismo linde al Oeste del pueblo vascon, con sus vecinos hacia el sur, siendo la ciudad *Celtíbera de Contrebia Leucada* y los *Darocanos*. La mayor parte de esta informacion nos llega a través de los antiguos textos de los autores clásicos que surgieron entre los siglos I A.C. y el siglo II A.C., principalmente autores tales como *Tito Livio, Estrabón, Plinio y Claudio Ptolomeo* que han sido los estudiados como fuentes de referencia. En ellas encontramos escritos sobre la reseña historiográfica más antigua cual corresponde a *Livio* del 59, al 17 A.C., quien en la obra literaria sobre su campaña del año 76 A.C., escribe un breve relato de la guerra sertoriana.

Otros autores antiguos como *Plinio* quien escribe en su *Naturalis Historia* del año 50 A.C. emplaza a los vascones al extremo occidental de los Pirineos, con sus vecinos siendo el pueblo de los *Várdulos*, queienes se extendian hacia los montes de *Oiarso y el Cantábrico; cuya* área, cual fue conocida como denominió *Vasconum saltus*. Tambien el geógrafo Griego, *Estrabón*, al referirse a los vascones en Griego clásico durante la época de *Augusto* 63, al 14, A.C., también los sitúa en la ciudad de *Pompaelo* en los alrededores de la ciudad entorno de *Callagurris*.

La Peninsula Entre Los Siglo II, A.C. y La Integración Del Mundo Romano

Con posterioridad a la época de Ptolomeo y tras el periodo de las invasiones, el relato del autor Juan de Biclaro declara entre los años 540 y 621, cita a los vascones en la toma por los visigodos de la ciudad de *Victoriacum*. Tambien el escritor Gregorio de Tours 538 - 594 relata sobre las incursiones de *Wascones* en Aquitania por el año de 587 ha llevado. Siglos despues otros autores proponen que entre mediados del siglo II y finales del siglo VI tuvo lugar una ampliación progresiva del territorio de los vascones primero hacia el oeste, ocupando las tierras de sus antiguos vecinos Várdulos, Autrigones y Caristios, y hacia el norte, en Aquitania que por ello adoptó el nombre de Gascuña, el cual origina del país Vasco francés.

A partir del siglo VII, los cronistas ya diferenciaban entre la reconocida *Spanoguasconia* en la vertiente peninsular de los Pirineos, de la aquitana o *Guasconia*. Siguiendo la descripción del *Cosmógrafo de Rávena* a partir de la cual otros autores interpretan que los vascones se habrían retirado parcialmente de sus territorios de la época Romana con anterioridad al siglo VII, para ocupar las tierras más al norte, en lo que sería la comunidad autónoma del País Vasco y la parte septentrional de Navarra. La crónica de Eginardo *Vita Karoli Magni* datada en el 810 dónde se hace uso por primera vez el del término *Navarros* para designar el pueblo que ocupaba el territorio ribereño del Ebro.

El territorio comenso a cambiar casi de imediato tras desembarcaban las fuerzas imperiales de la república Romana a principios del 218 A.C., durante la Segunda Guerra Púnica, en *Emporion*. Y haci notamos que el interés Romano gradualmente se fue orientando hacia la conquista del valle del Ebro. La anexión se fue desarrollando entre los años 202 y el 170 A.C.

Nueve años despues, el general Romano, Tiberio Sempronio Graco fundó a proximidad del territorio de los vascones la primer ciudad bautizandole con su nombre *Gracurris*, Alfaro la moderna. Estas circustancia se señalaron durante el periodo como antecedentes inmediatos al incremento de las relaciones de colaboración entre vascones y Romanos. El testimonio más antiguo de ésta relación se encuentra en el llamado Bronce de Ascoli cerca del año 89 A.C., durante la *Guerra Social* desarrollada en la península italiana entre el año 91 y el 89 A.C. en el que Cneo Pompeyo Estrabón, padre de Cneo Pompeyo Magno fundador de *Pompaelos*, otorgo la ciudadanía o *virtutis causa* en reconocimiento a 9 jinetes vascones suessetanos de la ciudad de Segia, Ejea de los Caballeros. De fecha posterior del 87 A.C., se conserva también el *bronce de Contrebia* donde se detalla litigio patrimonial resuelto por el procónsul de la provincia de la Hispania Citerior en favor de la ciudad vascona de Alauona, Alagón. Luego siguieron las llamadas *Guerras Sertorianas*, entre los años 81 y el 72 A.C., cuyo   escenario fue el valle alto del Ebro en la guerra civil Romana que enfrentó victoriosamente a Pompeyo y Metelo, ambos partidarios de Sila. Durante esa epoca el partido democrático de Sertorio apoyo la población vascona con ambos bandos, especialmente Cneo Pompeyo Magno quien durante el invierno del 75 -74 A.C., fundaría sobre un oppidum indígena, en el corazón del territorio vascón en la ruta del trigo de Aquitania, la ciudad de *Pompaelos*, hoy dia Pamplona. Dos años despues, en el 72 A.C., las fuerzas de Pompeyo y Metelo lograron aseder la ciudad de *Calagurris* forzando su resistencia, según el relato de *Cayo Salustio*, cual llego a provocar prácticas de canibalismo entre los sobrevivientes ciudadanos de la bella y prospera ciudad.

En las siguientes decadas amediados de la decada de los años 50, A.C., el lugarteniente de *Julio César*, de nombre *Craso* atacó a los aquitanos, vecinos de los vascones, durante la Guerra de las Galias, en la cual estos últimos habían solicitado el apoyo militar de *los otros habitantes del otro lado de los Pirineos* a quien identificaban como *cántabros*. A finales del mismo siglo, el territorio vascón quedó al margen de los escenarios de las operaciones militares de las *Bellum cantabricum,* que tuvieron lugar al concluir los años 20 y el 19 A.C. Durante esa misma decada, Augusto reclama la presencia como emperador en la peninsula y establece la provincia de *Hispania Citerior Tarraconense* con capital en *Tarraco*, del cual quedó adscrita el territorio Vascón.

Los Vascones Lograron Mantener Amistad Cercana Con Los Romanos

Por medio de sus colaboraciones durante la epoca del Imperium... durante el reinado de Claudio que duro desde el año 41 al 54, los territorios de *Hispania* se compartimentaron en diferentes *conventus* incluyendo con ellos a los Vascones y los Berones que quedan adscritos con otros pueblos en la circonscripción de *Cesaraugusta.* Entre el 74 y el 75 en Zaragoza, su lider Vespasiano esforzadamente adoptó el *ius latii* o derecho Latino para cada magistratura municipal y en el 212, el reinando *Caracalla,* tambien adopta la *Constitutio Antoniniana,* conocida como ciudadanía Romana para todos los hombres libres del Imperio. Luego durante la epoca del Altoimperio, se produjo la consolidación de las ciudades y la formación de la red de comunicaciones y comercio, destacando la ciudad portuaria comercial de *Oiasso* que atestigua restos de actividad comercial con la ciudad baetica de Itálica, fechados entre los años 15 y 12 A.C., segun documentos encontrados en Santa María del Juncal en Irún.

Según la literatura historica citada por Estrabón, la vía de *Oiasso* a *Tarraco,* durante la epoca del bajo imperio, ya se incluia la ruta de *Pompaélo* por la cual los Romanos permitían el transporte de cereales Hispanos, desde la Meseta hasta los *limes* de Germania. Segun la fuente del *Itinerario* de Antonino, escrito aproximadamente en los años 280, que el territorio de los vascones formaba parte de la red de calzadas que recorria la vía principal de *Asturica* Astorga a *Burdigalam* Burdeos. Varias investigaciones arqueológicas emprendidas dentro de la peninsula a fines del siglo XX, tambien dan acontecimientos de la red viaria y documentacion de la circulación monetaria. Los numerosos ejemplos que acontecen los testimonios de unidades indígenas integrados en el ejército Romano, afirman que los

Vascones se integraron progresivamente dentro del sistema Romano, especialmente en las ciudades y tierras llanas. Declarando que muchos se adoptaron a la cultura Romana, a sus modismos e incluso a sus nuevas formas de vida. Según sus acontecimientos cuyos cambios fueron de una manera intensa dentro de casi todo el territorio.

Las primeras fases de la conquista de Hispania tomo sus inicios a principios del siglo II A.C., mediante la epoca de las campañas de Catón y segun las investigaciones arquologicas e historicas, los Romanos a temprana hora llegaron demostrando un extensivo conocimiento sobre el área del alto Ebro, dónde solo les faltaba temer bajo sus dominios a los Cántabros y los Astures.

El proceso se habría acentuado en particular hacia los tiempos de las *Guerras Sertorianas* según suponen investigadores de la toponimia Vasca, quienes tambien proponen que la Romanización de las tierras llanas se produjo de manera profunda, alejado de las turbulencias políticas de la época y habitado por un pueblo amistoso y colaborador de Roma. Aunque para los Vascones, el territorio vascón obviamente debió presentar grandes contrastes regionales en función del nivel económico y urbano, con grandes ciudades y propietarios de *villae* ricamente decorados en la zona meridional mientras que en el boscoso *Vasconum saltus* predominaba la economía ganadera con pocas ciudades y la zona media, con un sistema basado en la agricultura de pequeños y medianos propietarios donde el modo de vida

Romano se encontraba en retroceso. Según corroboracion de los indicios arqueológicos, varias tesis y otras hipótesis, todas dan una perspectiva que describen esta zona como un territorio pacifico cual incluye a finales del Imperio.

Los Vascones Según Las Correspondencias de Paulino y Ausonio Durante La Crisis del Imperium

Segun nos relata Hidacio, sobre el cuestionamiento de las costumbres durante el siglo III, el debilitamiento del sistema político del Imperium conllevó una crisis económica y social, acentuada por la creciente presión de los pueblos germánicos y eslavos, que se extendería en los siglos posteriores, concurriendo junto con fenómenos violentos, al igual que las revoluciones bagaudas del 441 al 443 en Hispania (El término bagauda, bagaudae en latín significaba tropa, tambien fue utilizada para designar a los integrantes de numerosas bandas que participaron en serie de rebeliones, conocidas como las revueltas bagaudas, ocuridas en Galia e Hispania, en la epoca del Bajo Imperio, en el siglo V. Los principales integrantes de estas rebeliones fueron campesinos o colonos evadidos de sus obligaciones fiscales, esclavos huidos o indigentes. El significado de la palabra tiene doble origen, su raíz latina, significa ladrón y en el céltico significa guerrero. Unos cambios mas impactantes en especial fue de ámbito religioso, ejemplarizado por el movimiento del priscilianismo desde finales del siglo IV que fueron contemporáneos al proceso de penetración del Cristianismo, en tierras vasconas. La peninsula tambien sufrió varias otras invasiones durante la constitución del primer Imperio Galo, por los pueblos germánicos en el área del Mediterráneo a finales del siglo III.

Hacia la epoca del 270, otros indicios atestiguan los restos de incendios e invasiones, que devastaron *Pompaélo* y el abandono de Liédena los efectos de éstas fueron descubiertos por arqueológos en las cercanias de los poblados en rutas de comunicación vasconas como Sames, Azparren, Mougerre y Bayona. En esas areas tambien se descubren tesoros escondidos cual acostumbraban ocultar de sus atacantes, notamos una crisis que también

164

afecto la economia ya que se observa una numerosa desaparición de explotaciones agrícolas y un alarmante retroceso de la población urbana, como señalan variantes y diversos estudios arqueológicos en Navarra. Estas tambien nos permiten descubrir como se habían rehabilitado las cuevas y cavernas, para usos de vivienda durante el siglo V, el cual atestan como un fenómeno que no obstante se dio también en otros rincones del Imperio.

Aun no se encuentran razones claras que podrian describir estos hechos dentro de la historia de los vascones, de manera explicita durante este periodo mejor conocido, como *los años oscuros*. Las investigaciones arqueológicas emprendidas a último del siglo XX y estos especialistas han encontrado y han aportado diferentes historiográficas acondicionadas a ese periodo.

Aunque mas tarde parte de la historiografía se acepta en publicaciones durante los años de 1980 los diversos textos antiguos, en particular dan claras descripciones realizadas por Estrabón, en la época de Augusto y la correspondencia entre el senador Paulino de Nola y su mentor, el poeta, Décimo Magno Ausonio, que vivió entre el 310 y el 395. Todos ellos, mencionan el carácter bandolero (iugis latronum), bárbaro (*gens barbara*) y feroz (*feriatate*) de los vascones, al pueblo vascón. Y dan la perspectiva de un *espíritu independiente*, e indomable, aunque no violento, pero tampoco sometido al poder Romano. Tambien los relatos de las revueltas bagaudas, fueron generalmente inscritas por éstos mismos autores en el territorio vascón al interpretar en su área de influencia, el emplazamiento del centro bagaúdico de *Aracelli*, localidad nombrada por Hidacio pero sin localización precisa, y la explican como la manifestación de la lucha de clases, entre el campesinado y los propietarios, éstos últimos siendo apoyados, por la jerarquía obispal en lucha paralela al fenómeno descrito por la teoría de la *expansión vascona*.

La ruralización y paganismo tardío son justificados también, desde esta perspectiva por la contestación al edicto de imposición religioso de Teodosio del 390 y la resistencia al proceso de cristianización, que es por ello considerado más tardío, que en otras regiones. Así estos autores consideran que la presencia de restos de fortificaciones militares en *Veleia*, en Álava, y Lapurdum, en el Labort, era la respuesta del Imperio a "pueblos considerados peligrosos por la autoridad Romana" , pero una vez que éste poder se vio debilitado y desplazado por las invasiones, el pueblo vascón habría ocupado el vacio de poder para reafirmarse en su independencia y desarrollar una resistencia frente a cualquier dominio extranjero en épocas posteriores. Según los especialistas en literaria historiográfica de los textos, Ausonio y Paulino alegan que la reprodujeron sin aproximación a la realidad de su tiempo, ya que Estrabón, nunca visitó personalmente Hispania y el análisis de la visión fue transmitida posteriormente. Ya que su intención era de ilustrar a las élites gobernantes y económicas de Roma, dónde se encontraban las principales fuentes de recursos. Transmitiendo asi una imagen distorsionada para adaptarse a los prejuicios de su audiencia, que manera automática asociaria a la idea de las poblaciones *Lucanos, los Isaurios, los Ligures, los Lusitanos, los Vascones* y los pueblos montañosos del Norte de la Península Ibérica dedicadas al pastoreo con el concepto atrasado del desarrollo humano en comparación con el Romano.

Primera Invasión del Imperio Romano En El Litoral Occidental

Conflictos Franco - Visigodos entre los siglo V al siglo VI...

Isidoro de Sevilla nos relata en sus datados del año 404, en la cual nos indica que durante los primeros años del siglo V, la presión de los pueblos migratorios alcanzó los territorios de las provincias de los Pirineos occidentales. Durante esa misma epoca, *Constantino el Usurpador,* ejecuta a varios miembros de la aristocracia Vascona-Romana, incluyendo tambien a los patricios, *Dídimio y Veradiano,* quienes tambien eran sobrinos del emperador *Teodosio el Grande.* Logrando asi frenar, de una ves por todas el primer intento de penetración desde la Galia, en un episodio que habría podido acontecer en la parte occidental de los Pirineos, por la vía de comunicación de Roncesvalles. A finales de Diciembre del año 406, una alianza de naciones entre los pueblos Alanos, Suevos y Vándalos, condujeron una masiva travesia sobre el reinando del emperador *Flavio Honorio,* en las cercanias del Rin. Se cree que estos grupos tambien se asociaron con los *silingos* y los *asdingos*, que cruzaron el río congelado a la altura de Maguncia, logrando aplastar las líneas defensivas Romanas y la de los Francos que ya se habian aliado al Imperio Romano de Occidente. Estos luego emprendieron una travesía a fuerza continua que duraria casi cuatro años, la cual los llevo desde Renania logrando cruzar por tierras Galias, hasta llegar a los Pirineos.

Durante esa misma epoca, el general *Constantino,* se sublevo con el apoyo de sus tropas en Britania para proclamarse Emperador con el nombre de *Constantino III.* Sus planes ejecutados, eran de sofocar cierta resistencia y lograr asentar su dominio sobre algunas áreas de Hispania, mientras gobernaba conjuntamente con el emperador legítimo *Honorio,* quien luego ocuparia lo que en ese entonces se denominaba, como *Imperium Galliarum.* Una de las primeras actas de Constantino, fue el de encomendar a su general Gerontius y sus tropas traídas de *Britannia* sobre la defensa de los pasos pirenaicos. Sus tropas consistían desde tropas indígenas, a la Sazón Vasconas, las cuales uso para la protección de los pasos occidentales. Estos también, dan ejemplo a la pervivencia de la tradicional colaboración vascona al mundo Romano tardío. Tres años despues, durante el otoño del 409, los ejércitos migratorios atravesaron sin resistencia u oposicion alguna las guarniciones de Constantino el Usurpador, hasta llegar a los pasos pirenáicos. Ese mismo año se repartieron entre si la península en áreas que ocuparian entre los distintos pueblos. Entre los años 415 al 419, durante el reinado de Walia, quien fuese monarca de los visigodos, instalado en Aquitania y al sur de Galia, se acordó una alianza o *foederati* con Honorio. Este se tomo de acuerdo al nombre de los Visigodos, quienes se encargarían de combatir el régimen del usurpador general Máximo y a la misma vez proclamar a *Gerontius,* quien se había rebelado contra *Constantino,* y se encontraba en refugiado dentro de tierras Suevos, Alanos y Vándalos en Hispania. Tambien se hacia como intercambio de provisiones y por la devolución de la princesa *Gala Placidia*, quien fuese hermana menor de Honorio. De acuerdo a Honorio y el resto del pueblo, el pacto se revelaria como el primer pacto politico trascendental. Ya que historicamente era la primer vez que se permitiria la aparición oficial de los visigodos en las tierras de Hispania. En realidad el pacto tambien da origen al establecimiento posterior del reino Hispano-Visigodo.

El autor religioso José Moret, 1615 - 1687, nos revela un breve relato de Idacio, que acontecio en el año 448 en su obra los Anales del reino de Navarra, el cual ocurrio durante el primer enfrentamiento entre los suevos y los vascones. En el, nos dice que sucedió cuando el rey Teodoredo, apoyó a Reccicario en su pretensión de conquistar toda Hispania, emprendiendo una expedición por el valle medio del Ebro, Zaragoza y Lérida, contra los Romanos con quienes los Vascones aun mantenia alianza tradicional.

Los Suevos eran apoyados por los Visigodos, y los Vascones claro que tambien tenian el apoyo Romano. En su obra, Moret tambien nos señala, que por la presión de los bárbaros, los vascones se habían extendido hacia tierras de Álava y Bureda. Según nos confirman algunos otros autores, como consecuencia de su derrota frente a los francos merovingios que dirigidos por el rey Clodoveo I, resultaron vencedores en la batalla de

Vouillé. En el año 507, los visigodos tuvieron que abandonar en totalidad todas sus posesiones en el sur de Galia y tuvieron que ceder la antigua provincia Aquitana de Novempopulania, la cual los cronistas francos denominaban como Wasconia por la presencia de la población vascona que habían ido poblando las tierras más elevadas a partir de la primera época imperial en el siglo II. Tambien otra variedad de autores religiosos dan cita a las enumeradas luchas que se mantuvieron entre los años del 580. Datos encontrados en las crónicas de Venancio, claramente enumeran la epoca del rey Merovingio Chilperico y el Conde, o Comes de Burdeos, Galactorio, e indica las incursiones, cual tuvo que enfrentar el duque Austrobaldo en el año 587, despues de la derrota del duque Bladastes en el 574, en Zubeloa.

Historica Confrontacion Reinado Visigodo Franco – Al Domuit Vascones

Durante la contemporánea historia de los Vascones y la formación que consolidisa el reino Visigodo en Hispania, hay escasas fuentes directas disponibles para el periodo de los acontecimientos y la organización interna de los vascones. Rason por la cual frecuetemente resultan las contradictorias. Dado a los numerosos reyes Hispanogodos, quienes frequentemente enfrentaron a los vascones según atestiguan las crónicas, varias de las cuales portan la famosa inscripción *domuit vascones* dominió a los vascones. El cual es similar a la que portaban los monarcas cuando celebraban sus acciones y nos hace suponer que los vascones nunca fueron sometidos por los visigodos en su pretensión de lograr la unidad territorial, de todas las antiguas provincias hispanoromanas. Las cronicas tambien dan reflexion a la actitud amistosa de los vascones durante el periodo Romano y la desaparicion de conflictos de guerra durante la epoca del bajo-imperio, cual reafirma el poder autónomo en Aquitania y las rivalidades entre francos y visigodos.

Seguan las mismas, nos indican que en el año 632 el rey Merovingio *Dagoberto I,* emprendio una expedición a Zaragoza en apoyo de *Sisenando* que se había sublevado frente a la autorizad de *Suintila* y fue encabezado por el mismo rey.Varios años después en el año 635, el mismo *Dagoberto I,* logra reunir un ejército de Burgundios y ocupo por corta temporada a *Vasconia,* para luego volverla a entregar. Pero en el año 636, tras una nueva campaña militar, Dagoberto logro logro obtener el juramento de lealtad del pueblo de los vascones y el servicio de Aighina, duque sajón de Burdeos. Tras la muerte de Dagoberto, el poder Merovingio se fue debilitando y luego surge un periodo de consolidación de un poder autónomo aquitano-vascón dentro del reino franco. A partir de los años 672, la política de enfretamiento con poder franco, continuada por su sucesor Lupo, quien culmino durante los tiempos de Eudes, quien luego logra el reconocimiento de *regnum* para la parte meriodional de la antigua Galia. Durante los siglos VI y VII, se estudian las teorías y las cronicas que aceguran que los vascones del norte cruzaron los Pirineos, ocupando Aquitania, en la actual Francia, donde su lengua influyó en el Gascón, lengua occitana que se hablaba en esa región, por la cual le dieron el nombre de Gascuña. Otras teorias y un sin numero de tesis tambien definen y a la vez opinan y defienden, alegando que la *vasconización* del area fue tardía, que fueron los *Aquitanos* quienes forzados por los Visigodos, ocuparon lo que hoy actualmente se conoce como el *País Vasco*. Que desplazaron a los habitantes originarios cuales fueron los Hispano-Romanos de origen indoeuropeo y lograron aportar sus costumbres y su lengua.

La Invasión Musulmana A La Península de Ibéria Siglo VIII

Las cronicas de la epoca del siglo VIII, detallan la historia de la muerte de *Rolando* en el curso de la batalla de Roncesvalles, e indican la formación del reino de Pamplona. En el manuscrito *Grandes Crónicas de Francia*, por primera ves fueron ilustradas por Jean Fouquet, entre los años 1455 y 1460, *Bibliothèque nationale de France*. A comiensos de la temporada invernal del año 713, los ejércitos Musulmanes lograron llegar hasta el valle medio del Ebro, cual durante dicha epoca se encontraba gobernada por el conde Hispanovisigodo, *Casio*. El gobernador, *Casio*, habia elegidó someterse al *Califa de Omeya* "Arabe" (*jalifat Rasul Allah*) o sucesor del enviado de Dios... a cambio de mantener su poder en la región, convirtiendose haci al Islam y dando origen de una ves a la estirpe de los *Banu Qasi* (hijos de Casio).

El reinado de Pamplona trato arduamente de oponer resistencia, sin embargo fueron finalmente derrotados y sometidos al Islam durante los años del 718, ocupada y obligada a pagar tributo a los gobernadores musulmanes quienes habian establecido protectorado dentro del reinado. Las fuertes perdidas que recibieron los Arabes durante la Batalla de Poitiers, del ejercito Franco de *Carlos Martel,* comenso a debilitar la posicion Musulmana a comiensos del año 732. Dos años despues en el 734, el Valí Uqba, logro reinvigorar sus fuerzas militares y reconducir la situación al instalar mayor intervencion tras la guarnición militar, que habia montado dentro de la ciudad en el año 741.

Aprovechandose de la rebelión en la cual se encontraba el gobernador de Zaragoza y su ejercito, *Carlomagno,* logro intervenir en la Península y atravesar el territorio Vascón con su ejército Franco. Logrando haci destruir todas las defensas de Pamplona en su avance hacia Zaragoza. Tras su llegada a Zargoza, entre los sublevados ya existian varios cambios de alianzas, los cuales eran aun desconocidos y le obligo a retirarse en el año 778. Tras su regreso en torno a la retaguardia, se encontro con otro ejercito al mando de *Rolando,* quien lo enfrento y fue aniquilado junto a sus tropas en la batalla de Roncesvalles.

Pese a las constantes amenazas de guerra sobre las tierras vasconas, cual se ejercía desde ambas vertientes de los pirineos y favorecia el surgimiento de dos facciones líderes, entre la aristocracia vascona. Los *Íñigo* y los *Velascos* se opusieron entre sí apoyandose en los Musulmanes, unos por el parentesco con los Banu Qasi, y los otros, claro con los francos carolíngios. El gobernador de Pamplona *Mutarrif Ibn Musa,* fue asesinado en el año 799 por miembros del partido carolingio, los Iñigo imediatamente recurrieron a la familia *Banu Qasi* con gestos de retomar el control de la ciudad. Pero trece años despues en el 812, sin embargo, el emir *Al Hakam I* y *Ludovico Pío,* se encontraban en el proceso de acordar una tregua, en la cual los *Carolíngios* tomarian control total de Pamplona. Dentro del acuerdo, tambien delegaban el gobierno en Velasco al *Gasalqí.* Aunque cuatro años mas tarde al finalisar la dicha tregua en el 816, *Al Hakam* nuevamente retorna a sus hostilidades, enfrentando a los francos nuevamente, lograndó haci recuperar el reino de Pamplona. Los francos casi de imediato renunciaron cuyo control, firmando acuerdo adelante *Íñigo Arista* y *Eneko Arizta,* quien fuese designado primer rey de Pamplona hasta el año 851.

Conclucion Sobre El Origen Vasco...

Según la variedad y medios indicativos de algunas hipótesis, que apunta a los Vascos de ser el único pueblo original que se encontraba en la peninsula desde el neolítico, que ha sobrevivido culturalmente en la misma zona que aun ocupan actualmente. Aunque su origen continua siendo objeto de un sin numero de hipótesis en comparacion a la llegada de los indoeuropeos. Al igual de todos los estudios en la cual se remonta investigaciones a tiempos remotos y los que no existen registros, se estima que estos dan lugar a un sin numero de hipótesis investigativas. Ya que hasta esta fecha los investigadores no encuentran ninguna concluyente, de las cuales pueden con seguridad acertar con exactitud, sobre la historia de los Vascos. Las características indican que el pueblo Vasco poseia una lengua aislada, la cual no tiene relación a ninguno de sus vecinos y que tampoco parece tener relación con ninguna de las otras lenguas importadas a Europa por medio de las emigraciones de antiguos margenes indoeuropeas. Tras las decadas los estudios de este pueblo se ha convertido en un reto para los investigadores, quienes han hecho incansables búsquedas sobre el origen linguistico Vasco, al igual que el de sus hechos culturales y el de sus características, cual sin embargo los definen como pueblo. El origen cultural, lingüista del pueblo Vasco ha dado lugar a muchas tesis academicas y aunuqe varias de ellas han sido científicas, varis hasta se han basado en diferentes pruebas y hallazgos, todas suelen a no dar una solida conclucion.

Aunque sin referencia alguna, varios investigadores opinan, que su lengua ha de ser el *Euskera,* el cual se utilize, como un lazo conductor, modificado, tras las influencias y relacións con otros pueblos vecinos y otras culturas. En realidad la historia de los vascos aun no nos lleva hasta su verdadero origen. A través del tiempo, varios historiadores se han conformando con creer que otros pueblos habian pasado por sus tierras, incluso llegando hasta aceptar que los Vascos llegaron a substituir su lengua en diferentes periodos históricos. Mientras que hay otros investigadores que opinan que los Vascos añadieron su lengua atraves de las que encontraban en los territorios que fueron ocupando. De manera que en realidad ninguna de estas aun no llegan a dar conclucion alguna, sobre el verdadero origen del pueblo Vasco.

Estudios Sobre La Lengua, La Escritura, Cultura y Costumbres de Los Vascones

Historicamente una gran variedad de autores señalan con anterioridad que antes de la llegada de los Romanos, antes de la trayectoria comercial y la mescla e intercambio cultural con otros pueblos vecinos, el pueblo de los Vascones hablaba una lengua *euskera* moderno. Pese al extenso ámbito de Vasconia, segun las referencia lingüistas, quienes opinan que aunque la lengua Euskera, se considera como antecesora del *protoeuskera o protovasco*, para muchos, es aun un misterio como nos indica *Henrike Knörr* en su bibliografía. No obstante, aun asi nos precauciona que el origen y parentesco del *euskera,* aun sigue siendo objeto de numerosas investigaciones. Otras teorías identifican a la lengua euskera, con el *vasco-iberismo,* o al *Ibero,* que se hablaba durante la época antigua, sin embargo hay una variadad de teorías que la abarcan a una clasificación dialectal moderna, situandole en lugares lejanos al ámbito geográfico de Vasconia. Demostrando asi, una superada constancia que identifican a ambas como dos lenguas diferentes. Según la teoria de muchos filólogos que han ocupado y dedicado su experiencia cientifica a estudiar los textos escritos, a través de los cuales pretenden reconstruir lo más fielmente posible de la cultura, dando haci lugar a esos textos que subyace a los mismos. En su teoría, aseguran que el euskara o protoeuskara, formaba parte de un grupo euroasiático antiguo anterior a la difusión de las lenguas indoeuropeas en Europa, entre los milenios II - III ó V antes de Cristo.

Estos a la ves consideran, que el asentamiento en tierras pirenaicas del idioma protovasco, fue anterior a la llegada de la lengua Ibera a la península Ibérica. *La ciencia filóloga, historicamente es dedicada al estudio del lenguaje, la literatura y demás manifestaciones escritas, en cuanto constituyen la expresión de una comunidad cultural determinada.*

Los autores clásicos, Estrabón y Pomponio Mela, tambien dan descripción del testimonio de Julio César sobre la lengua de los vecinos Aquitanos en su obra De Bello Gallico y muestran las diferencias entre el estudio historico lingüistico sobre la lengua de los vascones. Tambien se han encontrado una variedad de documentos epigráficos, que hoy son filologicamente analisados para haci ayudar con la introducción del estudio de la escritura de los vascones, desde el principio hasta el final del siglo II, A.C. Sin embargo, todavía no se han podido encontrar documentos redactados en la lengua vernácula, hecho por la cual en su mayoria, estas conclusiones han sido obtenidas por inferencia de material onomástico, (la cual es una rama de la lexicografía que estudia los nombres propios y se clasifica en antroponimia, toponimia y la bionimia). Los archeologos tambien mantienen que casi todas estas evidencias, en su mayoria son provenientes o en próximidad de diversas cecas, lugares donde se fabrica moneda o casa de monedas vasconas, según identifican lo descubierto en el area de las destacadas ciudades, Uxama Barca hoy Osma de Valdegobía y otros historicos asentamientos como Virovesca hoy Briviesca y Segisamunolum cual posiblemente hoy se conose como Cerezo, Plinio tambien menciona la ciudad de Tritium situado junto al río Tirón.

Entre las evidencias más antiguas tambien se encuentran las numismáticas, el cual el concepto clásico, ciencia auxiliar de la historia que, se trata del estudio de las monedas y medallas. Esta ciencia da testimonio inestimable de los intercambios y la economía de los pueblos, así como de su historia política, geográfica, y religiosa. Al igual que los monumentos arqueológicos, la ciencia numismática, reviste la importancia y ayuda a los investigadores a estudiar como el hombre antiguo ha grabado sus ideas dominantes. Y a la misma vez, tambien revelan el carácter, las costumbres y las vicisitudes históricas, que tales monumentos aportan a nuestros estudios. Tambien encontramos ligadas a la numismática, la epigrafía, paleografía, simbología, iconología e historia del arte, aportando a todas ellas esta la numismática nociones esenciales. La numismática clásica se divide en dos diferentes partes, la teórica o doctrinal y la histórica, descriptiva, cual frecuentemente van unidas a los libros, de acuerdo a lo que se tratan. La primera parte estudia, los fundamentos de la ciencia, con la nomenclatura, las bases de la clasificación y otras generalidades, la segunada, nos ayuda a descender al estudio y el desenvolvimiento de la moneda en los diferentes pueblos del mundo. Ambas parte juntas clasifican y describen sus distintas emisiones monetarias.

Los archeologos tambien mantienen que casi todas en su mayoria son provenientes o en próximidad de diversas cecas lugar donde se fabrica moneda o casa de monedas vasconas, según identifican lo descubierto en el area de las destacadas ciudades Uxama Barca hoy Osma de Valdegobía y otros historicos asentamientos como Virovesca hoy Briviesca y Segisamunolum cual posiblemente hoy se conose como Cerezo, Plinio tambien menciona la ciudad de Tritium situado junto al río Tirón, que era una mansión de la Vía de Zaragoza a Astorga. Tambien se cree possible, que estuvieran al Oeste la tribu Cántabra de los Origevones, de estar en la zona de unión de los territorios de Várdulos, Caristios y Autrigones. Se sabe también que poseían el Puerto de Ammano o Portus Ammanus, que podría tratarse de Bilbao o de Castro Urdiales. En total, los Autrigones, contaban con diez pueblos durante el periodo de los 456 al 480.

Los recientes estudios arqueogenéticos e incluso los estudios Griegos, Bizantinos y Neohelénicos tambien nos hablan de una expansión protovasca posterior a la última gran glaciación de hace *20,000 años.* Según estos estudios, cuales indican que desde el 16,000 A.C., en adelante, el clima comenzó a ser más cálido, lo que propició la expansión de los protovascos por la despoblada Europa. Una expansión que tuvo su origen, en el Norte de la península Ibérica y el Sur de Francia, donde se encontraba la civilización prehistórica Franco-Cantábrica, antecesora de la actual cultura Vasca; extendiéndose al Norte hasta Rusia y Escandinavia, y al Sur, en el Norte de África, hasta Túnez. Al Oeste tambien crearon asentamientos y una poza de sal, en la desembocadura del río, Nerua *Nervión.* La costa comprendía de la desembocadura del Nerva o Nervión, cual fuese su limite occidental.

Según investigaciónes concluidas por el profesor *Theo Vennemann* sobre la toponimia prehistórica Europea, el catedrático también nos indica sobre la expansión protovasca desde la zona pirenaica; ya que hay nombres de ríos, valles, lagos y montañas cuyas raíces no son de origen indoeuropeo y se asemejan a palabras o raíces vascas. Y nos apunta hacia una expansión que conllevó la extension, del protoeuskara por casi toda Europa, dado que los antiguos vascos fueron dando nombre a los accidentes geográficos que iban encontrando a su paso. Como muestra del sustrato linguistico sobre pueblos primitivos conquistados por estos de mayor cultura, dado a las influencias léxicas, fonéticas y gramaticales, que ejercio la lengua aborigen de los pueblos primitivos, hoy o conquistados por el de mayor prestigio vasco. Segun el, Theo Vennemann, la toponimia Europea, cual sirvio como una disciplina onomástica consistente al estudio y origen de nombres propios y nombre de lugares encontrados por toda Europa. El professor *Vennemann*, es catedratico de Lingüística Teórica y Germanística en la Universidad Ludwig-Maximilian de Munich abundante.

La realidad es que el antiguo idioma vascuence, euskara, o mejor conocido como euskera por su manera colloquial, eskuera o üskera, aun se habla en los territorios de Álava - Araba, Baja Navarra - Nafarroa Beherea, Guipúzcoa - Gipuzkoa, Labourd - Lapurdi, Sola - Zuberoa y Vizcaya - Bizkaia. Tambien se habla afuera de las fronteras Vascas el idioma eskuera aun apaliamente es hablado en los pueblos fronterizos de Gascuña, Béarn o Biarno en el Cantón de Olorón, en Eskiula y Jeruntze. De acuerdo a las cronicas, dentro de la diáspora vasca, se estima que más de cien mil personas aun conservan la lengua euskara y que hay otros individous que dia tras dia tratan de recupera el historico idioma. Razon por la cual el antiguo idioma hoy dia es hablado por mas de ochocientas mil personas, gracias a las Euskal Etxea o éuskal écheá... cual significa casas Vascas y se extendienden a traves de lo largo de paises a nivel mundial.

Los Autrigones

Entre los grupos mas pequenos se encontraban *los Autrigones*, quienes eran de fuerte influencia celta, ocupaban en la actual provincia de Burgos la comarca de la Bureba hacia el siglo II A. C. Limitaban con los cántabros, turmogos, pelendones, berones y caristios. Una de las mas importantes de sus posesciones, eran las ciudades Uxama Barca (Osma) de Alava muy proxima a Valpuesta, Birovesca (Briviesca), Segontia Paramica (Cigüenza) junto a Villarcayo, Salionca (Poza de la Sal), Tritium Autrigonum (Alto de Rodilla), Vindeleia (Cubo de Bureba), Segisamunclum (Cerezo de Río Tirón) , Deóbriga (Arce Mirapérez), etc.

Sus núcleos de población eran generalmente de carácter disperso, preferentemente ubicados en los bordes de los páramos y en proximidad a cauces fluviales, cada población oscilaba entre 600 y 1000 habitantes. Entre los restos más espectaculares de su cultura, se encuentran en la necrópolis de Miraveche y Villanueva de Teba, cual ofrecian enterramientos de guerreros de la II Edad del Hierro. Adoraban sobre todo al dios Viruvius, quien era de caracter guerrero y quien dió nombre a la actual, Bureba y a ríos como el Ubierna. A través de los tiempos Valpuesta fue, Obispado, Monasterio, Arcedianato y Colegiata, razon por la cual su biblioteca llegó a ser importante. No olvidemos que la regla de San Benito, que se observó en Valpuesta durante un tiempo, se obligaba a estudiar y a transmitir los códices y copiarlos. Sin embargo no parece que de su *Scritorium,* llego a salir una verdadera producción literaria, contentándose con la copia de códices que contenían temas religiosos o guiones para sermones de las parroquias que estaban bajo su jurisdicción.

Religión y Mitología de los Vascones

Los testimonios epigráficos y la arqueología han dado puerta habierta permitiendo haci que investigadores y especialistas, historiadores, poder perfilar las prácticas de culto en la tierra de los vascones desde la llegada de los Romanos y la adopción de la escritura. Proponiendo haci el balance entre la descripción práctica del sincretismo religioso, junto al sistema filosófico, integrado por elementos que son frutos de la unión y conciliación de doctrinas distintas, cuales se extienden de apariencias al no guardar coherencia sustancial. Estas hubiesen perdurado hasta el siglo I, momento a partir del cual la figura de Júpiter ganó predominancia sobre el culto indígena hasta la llegada del Cristianismo, en el siglo IV y siglo V.

Tras los anos, los investigadores han podido localizar teónimos vascones, datados a la epoca del periodo republicano, sobre lápidas funerarias, en las que se invocaban a éstas divinidades con formulaciones en latín, donde traslucen los nombres euskéricos. La mayor de evidencias del sincretismo vascon, fueron localizados en Ujué, previamente alli tambien se habian encontrado varias otras aras de igual forma. Un analysis especial se le dio a la que era dedicada a *Lacubegi*, quien fue identificado como el *dios del mundo inferior* y a Júpiter. Lamentable mente estas aun no han podido ser fechadas, tambien se connoce que entre Lerate y Barbarin, existen otras dos lápidas dedicadas a Stelaitse y estas contienen fechas del siglo I.

Historia de Los Carpetanos...

Los hombres paleolíticos junto con sus útiles de piedras talladas y utensilios echos de materia prima orgánica, como hueso, madera, cuero, fibras y vegetales enfrentan la etapa prehistoria. El caudaloso Rio Tajo, la abundancia de agua, las extensas vegetaciónes y los lucrativos yacimientos de sal, situados en los aledaños del Tajo, aparente fueron suficientes para caracterizar dicha etapa. La 'Edad de Piedra,' inicialmente se le dio este nombre en razón de los hallazgos de herramientas de piedra pulimentada que parecían acompañar al desarrollo y expansión de la agricultura. Sin embargo hoy día la era del 'Neolítico'se define mayormente por su razón y conocimiento de la agricultura y la ganadería; la cual presisa el acompañamiento de la alfarería. Es decir que los neolíticos carpetanos fueron los primeros pobladores en la peninsula y que los carpetanos previenen de un pueblo celtibérico que tuvo por su capital a Toledo. Aunque antes fueron poco estudiados, estos nativos eran naturalmente feroces de genio. Según su historia, cayeron involucrados en una simultanea lucha frente a los Cartagineses y los Latinos, cual no concluyo en termino, hasta la definitiva invasion del imperio Romano y su Romanización sobre la peninsula.

Dado a su posicion geografica y su importancia estrategica para uso del imperio Romano, el pueblo Carpetano gozó de grandes ventajas bajo el dominio del imperio Romano. Desde sus predominantes calzadas que surgen desde Mérida, a Andalucía, e inclinan como caminatas en vias abiertas que suben hacia el río Tajo, por Zaragoza y sus próximidades con Aranjuez. Los numerosos hallazgos arqueológicos, especialmente sus abundantes rasgos de agricultura, encontrados cerca de la desembocadura del Río Jarama, dan evidencias. Uno solo puede imaginarse la Ribera del Tajo, en la Edad Antigua sin la inmensa poblacion y sin el actual desarrollo, sin embargo con sus pobladas villas sistemáticas, a disposicion de su explotación. Durante dicha epoca, la Romana Titulcia, fue titulada como uno de los mas importantes centros de comunicación, dado a su localización geografica.

Estudio de Los Borbones y La Epoca de Los Habsburgo

Deberiamos antes aclarar que Habsburgo fue el nombre con el cual se conocio la rama de la dinastía que reinó en España y sobre nuestro globo terraqueo desde los siglos XVI – XVII, hasta principios del siglo XIX.

Una de las mayores y mas desconocidas de las historiografías de la peninsula Iberica, es la cual hoy se conose como la Alta Edad Media. Los investigadores estiman que su razon es sin duda alguna dado a la rápida ocupación Islámica cual mantuvo el area rural del valle belicosa, e independiente, con gran presencia mozárabe. Durante la epoca de la alta edad media, Toledo fue denominado como el nuevo esplendor urbano y como centro de Marca Media. Tras los siglos centrales del Medievo, o edad Media. Temporada en la cual, los Musulmanes convirtieron al area Toledana en la permanente taifa fronterisa. Donde los treinta y nueve pequeños reinos bajo el Califa, tambien se conviertieron en escenarios de razias, saqueos y despoblaciones; tambien las quemas ejercidas por los reyes Catolicos durante la expulsion Musulmana, cual hoy explica la casi total ausencia de restos investigativos.

En dicha área, casi todo el extenso territorial, tras los años permanecio poblados, la cual llego a ser un lugar donde el protagonismo comarcial se dominaban entre los moros y cristianos. Por casualidad el campo de Aranjuez y varios asentamientos fueron descubiertos, tras un fallido intento de repoblación Castellana, la villa de Oreja pasó a la Orden Militar de Santiago. Desde aquel entonces, el territorio paso a tomar importancia, como dueña y defensora de la meseta que se administraba desde Ocaña, dado a la proximidad de esta villa y su amplia dehesa ribereña, cual deleito a los aficionados reales en sus diversiones de cazerias. Fue alli mismo donde se construyo el primer palacio real, rodeado de manatiales, estanque, huertas y jardínes donde permanecerian los futuros duenos de la corona Española encantados por sonetas del aire poetico.Según las cronicas, le encanto tanto el area a *Fernando el Católico,* que la bautizo como el heredamiento de Aranjuez, e incorporandole y dandole al territorio, todos los derechos merecederos de la propia Corona. Esta acta es la cual precisamente dio comienzo la inolvidable historia del Real Sitio y Villa de Aranjuez. Durante los siglos XVI y XVII, la fama de Aranjuez trascendió las fronteras europeas, cual se mantuvo como un constante contexto cortesano de grandes y magníficas fiestas reales. Pero en realidad los sucesores de el Real Sitio y Villa de Aranjuez, mantuvieron la dehesa rodeada de fantasiosos jardines. Sus bosques repletos de caza, pese a su expansión territorial era extrictamente prohibido cualquier asentamiento de población, con la excepcion de un viejo palacio a medio termino de construccion y un pequeño grupo de sirvientes retenidos, cuales servian al refugio de la realeza de atencion necesaria.

Habsburgo, fue el nombre con el cual se conocio la rama de la dinastía que reinó en España entre los siglos XVI – XVII, hasta principios del siglo XIX. Aunque a la larga parece que durante ese tiempo, se producian espectaculares expansiónes hacia un imperio, cuyos territorios eran tan imensos, compartiendo la cubertura de su avarisia a nivel mundial. Pese a su extencivo tamaño, tras los años el territorio imperial comensaba a debilitarse bajo el peso de las incesantes guerras, las crisis económicas, y los síntomas de decadencia a nivel mundial. Durante esa etapa, Aranjuez, frecuentemente sirvio como refugio principal del emperador *Carlos V* y fue durante esos tiempos cuando los Habsburgos Españoles, asentaron la corte castellana en el centro peninsular en Toledo, luego *Felipe II,* traslado la corte a Madrid, en torno de ella nace la nueva capital de España.

La idea original de Aranjuez, segun los historiadores e investigadores, correspondio a la creacion de un Eden terrestre, o parte the un sistema de *Sitios Reales,* cual variedad resolvería sus necesidades personales y las representativas de su estatus internacional, como representantes de Dios y dueños del mundo. El metódico rey *Carlos V* propuso ensayar en estos *Sitios,* las arquitecturas y la ordenación de construir territorios elegidos que simbolizarian lo que fuese el nuevo Estado, moderno y centralizado. El Escorial y Aranjuez fueron los dos primeros Sitios elegidos, desde donde empzederian sus ideales; en las cuales la monarquia dedicaria todo el empeño de la realeza, para la creacion de su imperio. Según sus planes, el primer Sitio asumíria la carga simbólica de la monarquia, el peso del conocimiento, religioso y el poder gubernamental, desde donde controlarian sus intereses a nivel mundial. El segundo *Sitio Real*, serviria para el acercamiento a la naturaleza, por medio de su ordenación y el dominio del hombre, según las leyes cánonales del humanismo Cristiano. Esta también representaria el lugar de lo privado y personal, del individuo hogareño, amante de las flores. La realidad es que la fama de Aranjuez, fue una cosa de sueños que trascendió ampliamente tras las fronteras del mundo, con sus sucesores aun dormidos o endrogados por el poder, la mantuvieron en un contexto cortesano de grandes cacerías. Sus magníficas fiestas, e innumerables borracheras, cuales tambaleaban, como imitando paso a paso la decaencia junto al inestable imperio monarca. En realidad su manera bufona dia tras dia, administraba la decadencia, cual debilitaba su estabilidad. Las incesantes guerras y la crisis económica castellana, surgida por los síntomas que arduamente empezaban a manifestarse en la misma etapa.

La época de mayor potencia Española en Europa, ocurio durante la *Monarquía Hispánica o Monarquía Católica*, la cual hoy dia es mejor conocida como *Los Austrias Mayores,* encabezada por *Carlos I y Felipe II* de España, tras las llamadas alianzas matrimoniales que fuesen concertadas, entre *Fernando el Católico y Maximiliano de Habsburgo.* Juntos ellos dos determinaban las familias quienes podrian qualificar a la rica y famosa introducción de la dinastía, *Habsburgo Austriaca* y haci tener acceso al trono Español. Sin embargo fue, *Carlos de Gante,* el nieto de ambos de ellos quien ultimamente logro reunir las herencias, convirtiéndose en rey de Castilla y Aragón. Durante su reinado mantuvo gigantescas posesiones territoriales en America y en el Mediterráneo, hacia los 1516 fue oficialmente nombrado y reconocido como 'El Señor de los dominios,' Habsbúrgicos en Europa y Emperador de Alemania en 1519.

La avaricia del famoso Emperador Carlos de Gante, Carlos V, o Carlos I rey de España, en corto tiempo logro acumular lo que hoy se conoce como uno de los dominios territoriales y oceánico mas enormes en la historia del hombre. Cuales dominios, se extendían desde las Filipinas al Este hasta México al Oeste y desde los Países Bajos al Norte hasta el Estrecho de Magallanes en el Sur. Además de la expansión ultramarina y otras lucrativas conquistas e invaciones como, Milán, cual resultaron como intricos componentes a la adición dinástica. Todos juntos surgieron para completar las alianzas matrimoniales entre las cuatro casas europeas. Entre ellas, se encontraban las de Borgoña 1506, Austria 1519, Aragón 1516 y Castilla 1555, una ves unidas todas conformaron la base que llego a ser conocida como el Imperio Español.

La enorme y compleja herencia llego a determinar la política de Carlos I – Carlos V de Alemania, quien no solo batallaba su enfrentamiento con el papado, tambien luchaba con Francia por el dominio de Italia. Durante esa misma epoca, los principados Alemanes, constantemete le emprendian montos de rebeldias contra su imperio, mientras en el Mediterráneo, confrontaba amenazas Turcas, tambien la extensión del protestantismo en Europa. Su inumerable monto de problemas gubernamentales y las guerras, le mantuvieron constantemente ocupado, al no permitirle pasar suficiente tiempo en Castilla y haci poder montar una Corte estable en España. Tres decadas mas tarde, hacia 1554 y 1556 surgio una división heredera entre su hermano *Fernando I de Habsburgo* y su hijo *Felipe II* y desde entonces comienza, se a hablar de dos ramas de la casa de Austria. Cuales se diferenciaban entre *los Habsburgo de Madrid* y *los Habsburgo de Viena,* quienes continuaron reinando en Austria hasta el año 1918.

Sobre todo, podemos imaginar que un esfuerzo bélico tan enorme puso un gran costo económico sobre su reinado. El cual significa, que ni entre las rentas procedentes de la exportación lañera de Castilla a Flandes y ni el oro y la plata saqueado a costillas de la exterminacion de los Nativos o la esclavitud del Nuevo Mundo, fueron lo suficiente. Mientras tanto, el rey se quejaba porque su botin procedente de America, no llegaba a tiempo para mantener su estatus. Y fue haci que su unico recurso era el de obtener préstamos de los avaros banqueros Alemanes y Genoveses. Entre los numerosos prestamos y los elevados intereses, llegaron a comprometer gravemente su reinado, tambien el futuro económico de su gigantesco imperio, le llego a caer como un peso enorme. Por el cual se estima que en mas de cuatro ocaciones entre los años de 1557, 1575 y 1597, su hijo *Felipe II*, tuvo que declarar a su reinado en bancarrota. Es decir que el rey *Felipe II,* no solo heredaba las deudas de su padre, sino además heredaba tambien las guerras, aunque no obtuvo el título imperial, porque esta pasaba a manos de su tio Fernando, junto con las posesiones Alemanas y Austriacas, en el año 1555. El rey *Felipe II,* logró firmar la paz entre Francia e Italia, en el acuerdo *Paz de Cateau-Cambrésis,* en el año 1559, y en una definitive, tambien logro apartar a Francia de sus intereses en Italia. Veinte años mas tarde, tras la batalla de Lepanto del año 1571, tambien puso freno a todos los avances Otomanos en el Mediterráneo. Pudiendo asimismo anexionar a

Portugal y sus colonias, con el Imperio, en el año 1580, aunque el Imperio ultramarino Español aun adquiria dimensiones colosales, dia tras dia, era aun más difícil de defender.

Reconocemos que en el area religiosa, las batallas le eran aun menos afortunado luchar contra los protestantes, por el cual no pudo impedir la secesión de las Provincias Unidas, del Norte de los Países Bajos. Razon por la cual pierde a Holanda, en el año 1579 y durante esa misma etapa, tampoco pudo contener la expansión marítima de Inglaterra, en la famosa derrota de la *Armada Invencible* en 1588. Sin embargo ya arruinada la supremacía o hegemonía Española, aun trataba de sostenerse en Europa, pero todos los problemas y los previos fracasos economicos alludaban a marcar el comienzo de la decadencia Española.

Corto Estudio Sobre Cómo Los Borbones Controlaron La Corona Espanola y el Resto del Mundo...

Esta ultima dinastía que mayormente provenia de Francia, venia con una tradición de vestuario real y un semejante estilo residencial, afinante a la capital. Sin embargo tenian vago conocimiento sobre el manejo y las finanzas públicas que afectaban la organización económica, típica del sistema colonial Español, o hacienda publica. El esplendor del pasado Barroco Italiano, cual se estrechaba en relación con las modas y gustos del ultimo estilo, llego a Aranjuez y con sentido pacífico, el reinado luego se fue convirtiendo en un lugar de deslumbrantes fiestas, por la que el rey habia soñadó con una ciudad cortesana populosa, cómoda y alegre. Hipoteticamente, podemos decir que la actual intencion de los primeros gobernantes, fue el de tratar de elaborar el desarrollo del abito imperial, la cual originalmente se percibia de manera ingeniosa y detallada. Según los estudios, sus metas agudizaban al centralismo administrativo de un futuro que reforzaria la importancia de los programas y sistemas basicos operativos, cual mantendrian cortesana vigilia del entorno Madrileño.

Tras expanderse el imperio y el no permitirle pasar suficiente tiempo en Aranjues, el olvido, abandono y la inestabilidad cortesana en España; los jardines y huertas, se encontraban en estado de abandono. Después de varios incendios, los palacios se encotraban en ruinas, hasta que llego *Felipe V de España* y su esposa *Bárbara de Braganza,* quienes iniciaron una campañá de reconstrucción, para tratar de devolverla a su Real Sitio del Escorial de Aranjueza y Casa Real, desarrollada a la recreación de nuevos lugares a la sombra de los alagados estilos y modas Franceses. Tambien juntos, ambos implementaron el derogó de la prohibicón de asentamiento, para luego levantar una nueva población. Por medio de esta jornada industrial, lograron alojar varios centenares de residentes en unas pocas decadas, cuales crecieron multiplicandose en miles tras los decenios. Esta nueva población, fue el soporte que permitió a su tercer hijo varón *Carlos III de España,* como su sucesor. De esta manera el nuevo rey, pudo concebir a la ciudad de Aranjuez y su territorio, como campo experimental de las ideas fisiocráticas, agrícolas de ganaderias, científicas y sociales. La nación, luego logro crecer, a convertirse en uno de los primeros modelos ideales de desarrollo y bienestar social Europea y a su vez avanzar la conversión, que activaría al progreso desde la perspectiva representación, de convertir la en un mercado de trabajo, cual atrajo el medio urbano a ejerzer una fuerte atracción, sobre la excedente poblacion rural y nacional de España.

El rey Carlos IV de España, hijo de *Carlos III de España* y mejor conocido, como *Carlos IV de Borbón,* visito Aranjuez y al igual que su tío *Fernando,* también quedo enamorado del Sitio. Pero para esa época, las circunstancias se encontraban mucho más agitadas, dado a la Revolución Francesa y la amenaza Napoleónica, el cual resulto en la perdida de su corte y su galante ambiente culto. Dejando su reinado tristemente en la ruina, dado al Motín de Aranjuez, señalado como uno de los hechos histórico acaecidos que mas afectaron el Sitio Real, el cual llego a significar el fin del Antiguo Régimen Borbon en España.

Francia llego a ocupar el ahora anticuado Aranjuez, ante una poblecion Española quienes se encontraban, despectivamente deciluciondos ante la mirada de lo que una vez fue un fiel reflejo del reinado.

España ya se encontraba como un país estancado en intensas luchas de collectivos internos, que amenazaban con desmembrar al margen de la progresiva vitalidad Europea. Pero ni el nuevo monto de absolutismo encomendado y la popularidad de *Fernando VII de España,* tambien conocido como *El Deseado,* quien al principio trato de reparar los desastres que quedaban al paso de la guerra civil y la francesada. *Fernando VII* era hijo y sucesor de *Carlos IV* y de *María Luisa de Parma* o *Maria de Borbón.* Aunque habia destronado a su propio padre, al inicio de su monarquia logro disfrutar, el gozo de confianza y suma popularidad de parte del pueblo Español.

Tras su reinado, se reveló a convertirse en un soberano absolutista, indicando al pueblo que "el Estado soy yo," cual a los oidos del pueblo Español, le sonaba igual que la conocida sentencia de *Luis XIV de Francia.* Bajo su régimen político soberano, ejercio el poder con carácter absoluto, sin límites jurídicos, ni de nunguna otra naturaleza. Fernando VII, llevaba por años una conspiracion contra sus padres, los reyes y *Manuel Godoy,* la cual era alentada por su preceptor, quienes estaban especialmente en contra de *Manuel de Godoy y Álvarez de Faria Ríos Zarosa.* Estos habian logrado formar un nucleo de oposición, rodeando al joven Príncipe de Asturias, encabezado por partidarios y miembros de la alta nobleza, quienes pedian el derrocamineto de Godoy.

La primera conspiracion, denominada, *El Proceso de El Escorial,* tomo lugar en el año 1807, cuando se descubrio el motín y Fernando fue juzgado junto con todos los otros colaboradores; finalmente el príncipe fue perdonado por sus padres. El siguiente año, en 1808, Fernando VII y sus partidarios lograron asaltar el palacio del rey *Carlos IV,* quien fue obligado a renunciar su reinado y ceder la corona a su hijo el dia siguiente. Esto resulto en *Carlos IV,* siendo el primer rey destronado por su propio hijo en la historia Española; estos hechos se conocen historicamante como *El Motín de Aranjuez.* Historicamente al rey *Fernando VII,* sus súbditos, lo llegaron a considerar como una persona sin escrúpulos y como un hombre vengativo y traicionero. Rodeado de una camarilla de extravagantes aduladores, su política se dirigio casi por completo a su propia supervivencia, razon por la cual, su politica solo sirvio como un agitado preparativo para el reinado de su hija *Isabel II de España,* cual fuera el último gran episodio cortesano de Aranjuez.

Fernando ya habia abandonado Aranjuez y volvió a la corte de Madrid, donde fue aclamado por el pueblo. A su arribo las tropas Francesas ya habían ocupado la capital Espanola unos dias antes y Madrid estaba bajo el mando del general *Murat.* Temiendo por su vida y el de su familia, el desposado rey y su esposa, rogaron la protección de *Napoleón,* cuales tropas les ofrecio custodia militiar. Mientras tanto Napoleon Bonaparte, le habia ganado la confianza al rey Fernando y le invitó a reunirse con él, a lo que el rey accedió creyendo que el emperador lo reconoceria como rey de España y le ofreceria el respaldo necesario. Fernando espero que la reunion tomaria lugar en España, pero sin saberlo el rey Fernando ya habia crusado la frontera y en vez de estar en España se encontraba en Beyona, dentro del territorio Frances. Su mayor sorpresa, fue al enterarse que estaba por enfrentar el inicio de un exilio, cual se extenderia a mas de seis años. Sin tener la menor idea, que Napoleón Bonaparte tambien le habia propuesto la misma invitacion al depuesto reyes Carlos IV, de reunirse en Beyona. Según historiadores y autores, se desconoce en realidad, si los reyes y padres de Fernando, tambien hubiesen solicitado acudir a Bayona, o si Bonaparte los habia mandado a traer para reunirlos con Godoy y apoderarse de la Corona? Lo que si edita la historiografia, es que llegaron bajo la escolta de tropas Francesas y luego obligados a renunciar al trono, tras el motín de Aranjuez. El depuesto rey y su esposa, aun creian que estaban bajo la protección de Napoleón Bonaparte, imediatando su arribo, *Carlos IV,* le exijio a *Napoleon* la devolución de los derechos cual ostentaba su hijo *Fernando VII.*

Mientras tanto, Napoleon, quien aun operaba bajo la excusa de que solucionaria el enfrentamiento, entre el rey *Carlos IV* y su hijo *Fernando VII,* bajo el complicado acto de traspaso de la corona Española, cual hoy dia es mejor conocida como *Las Abdicaciones de Bayona.* Sin embargo, el rey *Carlos IV,* aun afirmaba que la renuncia de su trono, fuese producida por el *Motín de Aranjuez* y que tal era nula y exigia la devolución de sus derechos reales. Ambos, luego fueron custodiados por las tropas del general Murat, para convocar una reunion con *Napoleón,* en la ciudad Francesa de Bayona. Durante la cual claro que Carlos IV, aun accediendo, con ideal esperanzas de que el emperador lo reconoceria como rey de España. Sin embargo, Napoleón lo obligó a ceder sus derechos, a cambio de asilo en Francia para él y su familia, al igual que una sustancial pensión de mas 30 millones de reales anuales. De igual manera Napoleon Bonaparte le ofrecio a Fernando VII, un castillo y de una pensión anual de cuatro millones de reales, este aceptó, ignorando que su padre, Carlos ya había renunicado en favor de Bonaparte. Las cronicas del dia, identificaron la vergonsoza situación en Bayona, con el aspecto de una ópera bufa. Por lo tanto en Madrid, la capital, el pueblo se levantaba en armas contra los Franceses, al enterarse de que el trono y la Corona Española, se habia jugado e intercambiada y perdida en una especie de juego de barajas. El trono, ahora estaba en manos de Napoleón, cual se la habia cedidó a su hermano, *José Bonaparte,* quien luego se declaro rey de España como *José I.* Los levantamientos armados en Madrid conducidos desde el 2 de Mayo de 1808, llegaron a marcar el comienzo de la Guerra de la Independencia de España.

Listado Historiografico y Organización Mafiosa de La Monarquia Borbona.

El primero, fue Maximiliano I de Habsburgo, nacido en Viena, Austria, el 22 de marzo 1459, Maximiliano de Habsburgo, fue uno de los principales organizadores de las famosas *"Austrias Mayores,"* tras implementar las llamadas alianzas matrimoniales cuales fuesen concertadas para el engrandecimiento del imperio a nivel mundial. Sus padres fueron el emperador *Federico III y Leonor de Portugal y Aragón,* Maximiliano fue bautizado con el titulo de Archiduque de Austria y se casó con la *Duquesa María,* hija única de *Carlos el Temerario.* Maria fue la heredera de la Casa de Borgoña y con esta union matrimonial, Maximiliano logro obtener control total de los Países Bajos y gran parte de la actual Francia, tras que Borgoña, aun permanecía en manos Francesas. *Maximiliano I,* se caso nuevamente, en 1494 con *Blanca María Sforza,* hija del Duque de Milán despues de que el emperador Maximiliano I, hubiese enviudado tras la muerte de su primera esposa, María de Borgoña en 1482. Su segunda esposa, quien tambien se llamaba Maria, Maria Sforza, tambien era descendiente del *Rey Juan II de Francia.* Despues de la muerte de su padre en 1493, de imediato fue elegido Rey de los Romanos y el siguiente año en 1494, desde Italia comenzo a implementar la intervención de Francia, via su alíanza con la Liga de Venecia en 1495; iniciando un largo ciclo de conflictos que duraron hasta los años,1511. Durante esa epoca, logro proclamarse emperador de la unión politica del conglomerado de estados de Europa Central, mejor conocido como el *Sacro Imperio,* cual se mantuvo en actividad desde la Edad Media hasta inicios de la Edad Contemporánea.

Maximiliano tuvo dos hijos, *Felipe I* (Felipe el Hermoso), 1478 -1506, quien tambien llego a ser el rey de Castilla y *Margarita de Austria,* quien tambien llego a ser la Archiduquesa de Austria. *Maximiliano* la casó primero en 1497, con el infante *Don Juan de Aragón y Castilla,* quien era unico hijo varon de los Reyes Católicos. Lamentablemente su esposo murió apenas seis meses después de haberse casado, dejando a Margarita embarazada y sumida en profunda tristeza; Margarita dio a luz una niña, quien nacio prematura y no sobrevivió. Maximiliano nuevamente volvio a casar a Margarita en 1501, con *Filiberto II, duque de Saboya,* quien tambien moriria apenas tres años más tarde. Entre los años de 1507 y 1515, su padre le ofreció la regencia de los Países Bajos y la tutela del futuro, *Carlos V* y sus hermanos Leonor, Isabel y María. Maximiliano, fue emperador Romano Germánico, desde 1493, hasta su muerte en Wels el 12 de enero de 1519.

El segundo, fue Fernando El Catolico, quien tambien tomo parte en las alianzas matrimoniales, fue hijo de Juan II el Grande y su segundo matrimonio con Juana Enríquez. Su padre, Juan II, el Grande, fue rey de Aragón desde 1479, a 1516 y rey consorte de Castilla entre los años, 1474 a 1504. Tras la muerte de *Felipe el Hermoso*, rey de Sicilia y Nápoles, *Juan el Grande*, regirio sobre la corona castellana entre, 1507 y 1516. Debido a la enfermedad de su hija Juana, Fernando el Catolico nació en territorio Aragonés, ya que sus padres se encontraban en Navarra durante las disputas de sucesión, los reyes *Carlos* y Juan II; uno siendo su esposo y el otro su hijastro. *Fernando El Catolico* heredo la corona Aragonesa tras la muerte de su hermanastro, *Carlos,* coronado príncipe de Viana en el ano, 1461 y rey de Aragón en Calatayud; luego fue nombrado lugarteniente general de Cataluña en, 1462 y rey de Sicilia en 1468. A los dieciséis años se enamoro con *Luisa de Estrada*, con la cual contrajo su primer hijo, *Alfonso* de Aragón, quien llego a ser el arzobispo de Zaragoza. *Fernando el Catolico,* se caso con la princesa castellana e infanta *Isabel de Castilla,* quien tambien era su prima y hermanastra.

El tercero, fue Carlos de Habsburgo - Carlos el Gante, era hijo de *Juana I de Castilla*, tambien conocida como *Juana la Loca* y de *Felipe el Hermoso*. *Carlos de Habsburgo*, tambien fue nieto por vía paterna de *Maximiliano I de Austria Habsburgo* y *María de Borgoña,* heredo el trono y nombrado rey de España como *Carlos I,* desde 1516, hasta 1556. Se nombro Emperador del Sacro Imperio Romano Germánico desde, 1519 hasta 1556, donde fue bautizado con el nombre de, *Carlos V.* Carlos de Habsburgo, fue el primer monarca en unir las coronas de Castilla y Aragón. De sus abuelos paternos, el Emperador Emiliano, heredó los Países Bajos, todos los territorios Austríacos y legitimidad de derecho al trono imperial. De los reyes Católicos por vía materna heredó el reino de Castilla, Nápoles, Sicilia, las Indias, Aragón y las Canarias.

El cuarto, fue Felipe II de Habsburgo, mejor conocido como *El Prudente*, era hijo y heredero de *Carlos I de España* e *Isabel de Portugal* y nieto por parte de padre de *Juana I de Castilla* y de *Felipe I* y de parte de madre de *Manuel I de Portugal* y *María de Castilla*. Felipe II, fue rey de España, Nápoles y Sicilia, a la misma ves tambien reino sobre Portugal y los Algarves, bajo el titulo de Felipe I, logrando realizar la tan ansiada y esperada, *Unión Ibérica*, que duró mas de 60 años. En su etapa tambien reino sobre el trono Ingles, por medio de su matrimonio con *María I*, desde 1554, hasta 1558. El conocido Prudente, reino sobre España hasta su muerte.

Todas las historiografias tras su muerte, le presentan como un monstruo fanático, sin embargo sus defensores lo ven como una especie de arquetipo, lleno de virtudes. Según los estudios, Felipe II, el Prudente, cuando en vida siempre negó publicacion de sus biografías y ordenó la destrucción de todas sus correspondencias personales y las que condujo con sus confesores. Se estima que le fue favorecida la dicotomía entre las leyendas negras y las leyendas rosas.

El quinto, fue Felipe IV de Habsburgo, a quien tambien se le conocio como *El Grande o el Rey Planeta*, fue el hijo sucesor del rey *Felipe III* y la *Archiduquesa Margarita de Austria*. Reino en España desde 1621, hasta su muerte, su reinado duro mas de 44 años, el cual fue uno los más extensos de la casa de Habsburgo y el segundo en la historia Española; siendo no mas superado por *Felipe V,* cual reinado duro poco mas de 45 años. Compartió la responsabilidad, que trato de implementar la enérgica, política exterior, cual buscaba ejercer la hegemonía Española, sobre Europa y America tras la vaga inspiracion que destacaba don *Gaspar de Guzmán, Conde y Duque de Olivares,* y *Luis Méndez de Haro,* tambien sobrino de Olivares.

El sexto, fue Felipe V de Borbón, conocido tambien como *El Animoso*, fue sucesor del último monarca de los Habsburgo de España, por medio de *Carlos II,* cual fuese su tío-abuelo y primer monarca de la dinastía Borbón. *Felipe V,* reino en España, desde 1700 hasta su muerte, tras la cual mantuvo un reinado que duro, mas de 45 años; durante esta etapa, logro iniciar la restauración de Aranjuez. Y su reinado sobre el imperio Español, quedo historicamente denominado, como uno delos más dilatados de la monarquía Hispánica.

El séptimo, fue Fernando VI de Borbón, a quien tambien se le conoce como *El Prudente o el Justo.* Nacio en Madrid, España y reino en España durante la epoca de 1746 y 1759, fue el segundo hijo de *Felipe V,* por medio de su primera esposa, *Doña María Luisa Gabriela de Saboya.* Se casó con *Bárbara de Braganza,* quien tambien fue Reina de España hasta su muerte en 1758. Durante su reinado, el rey *Fernando VI,* fundo la Casa de Borbón Española, cual se diferenciaba de la casa de Borbon Francesa.

El octavo monarca Borbon, fue *Carlos III de Borbón,* quien antes fue elegido y bautizado como el *Duque de Parma,* bajo el nombre *Carlos I o Carlo I,* era el tercer hijo varón de *Felipe V,* y el primero con su segunda esposa, *Doña Isabel de Farnesio.* Heredo la corona de su hermanastro *Fernando VI,* quien sucedió a su padre en el trono Español,. El *rey Carlos III de Borbon,* reino en Nápoles y Sicilia, entre los años 1731 y 1735, con el nombre de Carlos VII o Carlo VII, durante la epoca de los años 1734 y 1759. Luego fue nombrado rey de España entre 1759 y 1788. El *rey Carlos III de Borbon,* tambien fue perteneciente a la Casa de Borbón. Inicialmente, heredó los ducados de Parma, Piacenza y Toscana por via materna en el año 1731; hasta que fuesen reconquistados por el rey Felipe V, durante la Guerra de la Sucesión Polaca en 1733. El rey Carlos III de Borbon, se caso con *Doña María Amalia de Sajonia,* hija de *Federico Augusto II,* duque de Sajonia y de Lituania y rey de Polonia. El mayor objetivo de Carlos III de Borbon, durante el transcurso de su reinado en Nápoles y Sicilia, fue el de sirvirle a la política familiar del Habsburgo Español, como parte integra en la lucha de la recuperacion e influencial de la corona y la hegemonia Española en Italia.

El noveno monarca Borbon, fue Carlos IV de Borbón, hijo y sucesor de *Carlos III de España* y de *Doña María Amalia de Sajonia.* El rey *Carlos IV,* reino sobre España, desde 1788 al 1808, al acceder al trono tras la muerte de su padre, *Carlos III,* en 1788. Según los estudios, cuales justifican que Carlos IV de Borbon, fue un experto en los asuntos 'estatales.' Estos cual indican, que tambien fue victima de las intervenientes expectativas de su reinado, debido a la repercusión y los sucesos acaecidos en Francia en 1789, y sobre todo de la manipulacion gubernamental a manos de su esposa, *María Luisa de Parma,* quien tambien se aculpa de ser la amante de *Manuel Godoy.* Se cree, que lamentablemente ellos frustraron los principales iniciós de su reinado, aunque hay otros estudios que hoy dia, dan el entendimiento y afirman sobre una opuesta realidad, acerca de dicha infidelidad. Tras la muerte de su padre, España tambaleo sobre una crisis economíca, cual se indica que presipito el desbarajuste administrativo de la corona, e indicándole, paso abierto a la revelacion Reformista. Durante la etapa de su reinado, el proceso social y político se desarrollaba en Francia, cuyos objetivos principales fuesen la abolición de la monarquía absoluta y la proclamación de la República, eliminando de una vez por todas, las bases económicas y sociales de los monarcas Borbones. La Revolución Francesa occurio entre los años 1789 y 1799, entablando su alternativa, sobre la mesa real de Carlos IV, e indicandole el punto final al antiguo régimen Borbon, marcando asi el definitivo fin del absolutismo.

El decimo y ultimo monarca Borbon, se le puede acreditar a *Fernando VII de Borbón,* a quien tambien se le llamaba, *El Deseado,* e historicamente tambien conocido como 'el rey felon.' *Fernando VII,* hijo y sucesor de *Carlos IV* y *María Luisa de Parma.* Reino en España durante la epoca de 1808, cuando fue el autor del histórico, Motín de Aranjuez y a la vez victima de las conocidas Abdicaciones de Bayona. Iniciando la trayectoria de una situación política, que según las cronicas del dia, llego a adquirir "el aspecto de una ópera bufa." Al derrocar a su padre el rey Carlos IV, del trono, e ignorando que tambien cedia los derechos de la corona Española a los hermanos, Jose y Napoleón Bonaparte.

Tras engañar a *Carlos IV* y a *Fernando VII,* Bonaparte, de imediato los obligó a ceder sus derechos a cambio de asilo en Francia junto a sus familas y Carlos IV, una sustancial pensión de 30 millones de reales anuales. Incluso a Carlos IV, le brindo en libertad su "favorito Manuel Godoy," quien se alega que tambien fuese el amante de su esposa. Sin embargo, tambien le compro la corona a Fernando VII, con un castillo y 4 millones de reales annuales. Despues de la expulsión del intruso Frances, *José Bonaparte,* quien se habia apoderado de la corona Española y nombrado como rey, Fernando VII, llego a reinar nuevamente sobre España desde 1813, hasta su muerte en 1823.

Historicamente, al rey Fernando VII, es a quien se le da mayor prensa negativa, refiriente a España y la dominante monarquia Borbona, la cual controlo casi todo el mundo, por mas de un medio millenio. A pesar que vino a ser el, el ultimo y el unico monarca de los Habsburgos, con poder y control quien lo utilizo de una manera beneficial para el territorio nacional Español. Se le puede acreditar, no solo con recuperar la corona de manos extrangeras, pero tambien de rescatar a España de una larga y terrible crisis economica y el reestablecimiento administrativo del proceso social y político que enfrentaba la corona Española, tras las previas gubernaturas. Ademas de sobrevivir la vergonzosa trampa creada por Bonaparte y los Franceses que le engañaron, hasta sumergirlo al exilio, aun haci, trato de rescatar a su pais; liberandose de la ignorancia, vagancia y arrogancia por parte de la administracion de su padre. Sobre todo del chantage, la prostitucion y el yugo de Manuel Godoy y su amante, quein fuese tambien la mujer, del rey Carlos IV, quienes controlaban y manipulaban al pueblo Español, cual si fuesen marionetas.

El mismo Napoleón Bonaparte y su hermano Jose I, ya habian preparado la nueva Constitución Española, despues de haberles expulsado de su propio pais, sin embargo, es a Fernando VII, a quien personalmente se le aculpa de la mayoria de los males, tras desacreditarle su reinado. Historicamente, tambien fue el monarca Español peor tratado por la historiografía nacional e internacional, desde el siglo XIX, por lo cual se le apoda "el Rey Felón," tras la creacion de una serie de descalificaciones, cual se repiten sobre su personaje sin profundidad de estudio crítico. Aunque recientemente hemos notado, que varios estudios historicos de hoy dia, poco a poco lo han ido remitiendo las críticas y los juicios, pero aun se es difícil encontrar algúnas tesis, donde la realidad historica de su figura no es de suma culpabilidad y tratada de manera negativa.

La realidad del caso, es de que Napoleón ni siquiera se molestó en cumplir parte del prometido acuerdo contratal con el exilado rey Fernando VII, quien en ves de disfrutar lo acordado con el Emperador Frances, se vio obligado a vivir cómo desterrado soberano, internó en tierras extranjeras. Hospedado en el rústico castillo de Valencay junto a su hermano Carlos María Isidro y su tío Antonio Pascual, la modesta comodidad, situada a las afueras del pequeño pueblo de Valencay, con menos de 2.000 habitantes aislada al centro de Francia y a unas 100 millas de París. Se cree que el viejo castillo era entonces propiedad del Príncipe de Benevento, quien ni se apresuro a recibirlos allí, bajo la obscura noche del 10 de Mayo de 1808. Fernando VII, quien permaneciera como pricionero en Valencay, hasta el final de la Guerra de la Independencia, aunque al principio el trato y las condiciones, bajo cual mantenian al encautivado rey y sus acompañantes, no parecian ser tan severas. Durante su cautiverio, a Fernando y su hermano les brindaban clases de baile, de música, permisos de salír a montar a caballo, pescar y en ciertas ocasiones, les permitian organizar bailes y cenas. Pero cuatro meses despues, Bonaparte, en ves de cumplir lo estipulado, le reducio la servidumbre del castillo a lo mínimo. Y enseguida el mismo año, comenso a diluir sus gastos, dia, dia descarilandole el tren de vida al joven rey, reduciéndola severamente demanera austera. Sin embargo, los jovenes aun tenian una sustantiva biblioteca a su disposición, desde donde el rey junto a su hermano ejercian y avansaban sus estudios, aunque su tio

Don Antonio Pascual, hacia todo lo posibles para impedirles acceso a libros Franceses, cuales pudieran influirles de manera negativa.

Fernando VII, aun seguia sorprendido, avergonzado e intimidado, quisas aun creyendo que nada podía hacer ante la fuerza y el poderío Frances, decidio esperar a que llegase la oportunidad de enfrentar a Bonaparte. Y cuando llego el momento oportuno para empesar a ganarle la confianza a Bonaparte, primero por medio de correspondencia y luego de una manera servil. La siguiente es copia de la carta, que Napoleon Bonaparte redacto a su hermano Jose Bonaparte (Jose I) durante su clandestino reinado sobre la corona y el trono Español: *"No cesaba Fernando de pedirme una esposa de mi elección: me escribía espontáneamente para cumplimentarme, siempre que yo conseguía alguna victoria; expidió proclamas a los españoles para que se sometiesen, y te reconoció a ti José, lo que me hace pensar que quizás se habrá considerado hijo de la fuerza, sin serlo; pero además me pidió su gran banda y me ofreció a su hermano don Carlos para mandar los regimientos Españoles que iban a Rusia, cosas todas que de ningún modo tenía precisión de hacer. En fin, me instó vivamente para que le dejase ir a mi Corte de París, y si yo no me presté a un espectáculo que hubiera llamado la atención de Europa, probando de esta manera toda la estabilidad de mi poder, fue porque la gravedad de las circunstancias me llamaba fuera del Imperio y mis frecuentes ausencias de la capital no me proporcionaban ocasión."*

De cual manera, hasta llegando a pretender unir sus intereses con los de Bonaparte al ofrecerle a su hermano, Don Carlos, como comandante del regimen Español, que enviaba al frente Ruso. Bonaparte en su destierro dejo caer la guardia, se confio y luego empeso a creer en el monarca Español. Dos años mas tarde en 1810, Fernando VII, su hermano y su tio, juntos le organizaron una amenosa fiesta con brindis, banquete y concierto, presentandole al Emperador Bonaparte, con la iluminación especial de un solemne *tedeum "a ti Dios,"* de las primeras palabras del cántico en alabansa, en ocasión de su boda con *María Luisa de Austria.*A pesar de la humillación servil cual le presento Fernando VII a Bonaparte, les dio gran ventaja llegó al punto de Cuando el corso reprodujo la correspondencia, que le enviaba Fernando en *Le Moniteur,* para que todos, en especial los Españoles, vieran su actuación.

Mientras tanto, tras su intelectualidad logro manipular a los Franceses con repetitivos gestos de apresuró y de agradecimineto, con desverguenza al Emperador, cual sabria que este hubiese hecho público el amor que le profesaba el monarca Español. Sin embargo, la condición de Fernando VII, como prisionero de Napoleón logro crear en el mito del, *Deseado* por su gente, o sea que ante el pueblo Español, era una víctima inocente de la crueldad Napoleónica al igual que ellos. Estos se presentaron claramente dos años mas tarde, en el 1812 ante las Cortes de Cádiz, durante la redaccion y la aprobacion de la nueva Constitución ese mismo año, en la cual se opusieron a cuestionar el carácter y la personalidad del soberano, declarando haci a Fernando VII de Borbón como único y legítimo rey de la Nación Española.

El Rey Fernando VII Regresa A España Como "El Deseado."

Cuatro años despues de estar en cautivario, Fernando VII, recivio noticias el 12 de Julio de 1812, de *el Duque de Wellington* y su ejército Anglohispano, que finalmente habian logrado derrotar a los Franceses, en Arapiles. Tras la batalla que se empeño en Portugal, de manera que de una ves, tambien habian logrado expulsár a los Franceses de Andalucía. Aunque hicieron un ultimo intento, de amenaza sobre Madrid, pero se vieron debilitados dado al retiro y traslado de las tropas Franceses de España a la participacion energeticas y catastróficas campañas, que se habian asamblado en el frente Ruso, a principios del 1813. Esta valiosa oportunidad permitió a las tropas Inglesas, Españolas y Portuguesas, aliarse nuevamente para combatir a los Franceses en Vitoria y San Marcial. En este ultimo combate, arrazaron con el resto de las tropas Francesas y al derrotarlos, lograron entrar a Madrid, para expulsar de una vez definitiva, a José Bonaparte de Madrid y recuperar la corona Española. Tras José Bonaparte se empeñaba a salir vivo de España, mientras su hermano, Napoleón, apresurado se aprestaba a defender la frontera Francesa y negociar una salida en la cual también saldria con vida.

Atraves de los eventos ocurridos, Fernando VII, se mantuvo muy bien imformado, hasta que finalmente noto que Napoleon Bonaparte, empezaba a perder fama y poder militar. Tras su poderío, declinaba ante el mundo y su lustrante brillo ya se comenzaba a opacar, Fernando, tomo la decisiva y se negó arrogantemente a continuar dicho trato alguno con el gobernante Frances, negándole asi conosimiento alguno al pueblo o a la Regencia Española de dicho trato... aun temiendo dar brote alguno, que pudiese causar un movimiento revolucionario en el territorio Español.

Los historiadores hoy anotan que para Fernando VII, uno de los pasos mas arriesgados en su vida, fue el que tomo el 11 de diciembre en 1813, cuando decidio ponerlo todo en riesgo y negociar por lo que hoy historicamente concemos como el Tratado de Valencay. Durante estas negociaciones, Fernando logra recuperar su corona y su trono, ademas demanda y recibe el retorno de todos los territorios y propiedades pertenecientes a la corona, a cambio del acuerdo de paz con Francia. Durante el Tratado de Valencay, Fernando tambien demanda, subito retorno de sus súbditos en captura, dentro y fuera del territorio nacional, el desalojo de los Británicos y su neutralidad, en el territorio a cambio de perdónar a los partidarios de José I, *"los afrancesados"* y la paz definitiva e incondicional con Francia.

A pesar de que la Regencia, fue reusada a ratificar el historico tratado de Valencay, Fernando VII, fue liberado a principios del siguiente año, arrivando a España, el 14 de marzo de 1814. De manera que ante las Cortes de Cádiz y la nueva Constitución dos años antes en 1812, la aprobacion de su reinado, ya habia sido aprobada, declarandole como legítimo monarca Español. De acuerdo a los decretos Constituciónales firmadas ante las cortes en 1812, cuales indican que: *"no se reconocería por libre al Rey, ni por tanto, se le prestaría obediencia hasta que este preste el juramento prescrito por el artículo 173 de la Constitución."* Aun siendo asi, el rey Fernando VII, se negó a seguir el camino cual le habia indicado la Regencia y viajo directamente a Valencia.

Arrivo a Valencia el 16 de abril, un mes despues de ser liberado, donde esperaba encontrarse con varios representantes de la Regencia y otros diputados absolutistas; los de la Regencia, le presentaron con el texto de la constitucion y los absolutistas con el manifiesto *"Manifiesto de los Persas,"* firmado por 69 de sus diputados. El historico manifiesto claramente rechazaba a las cortes liberales, dando paso abierto para que Fernando VII, promulgara un decreto que restablecería la Monarquía absoluta, declarando nulo y sin efecto alguno, la obra Constitucional de las Cortes de Cádiz. Casi de imediato, le invitaron al monarca a recolectar todos sus derechos, el General Elío, puso sus tropas a disposición del rey Fernando VII, realizando lo que todos de habla Hispana, hoy dia podrían reconocer históricamente, como el primer *Grito oficial de la Historia Española*. El nuevo decreto promulgado por Fernando VII y firmado, el 4 de Mayo de 1814, clara mente indicaba, que: (*"eran aquella Constitución y aquellos decretos nulos y de ningún valor ni efecto, ahora ni en tiempo alguno, como si no hubiesen pasado jamás tales actos y se quitasen de enmedio del tiempo"*).

Despues de leer y firmar su nuevo decreto ante sus diputados y los representantes de la Regencia, quienes tampoco se opusieron, ni resistieron en mantener un regimen constitucional, Fernando VII, partio de inmediato de Valencia, emprendiendo una marcha triunfal hasta llegar a Madrid, ante una inmnesa popularidad entusiastica; la cual clamaba su retorno como 'El Deseado.' Desde un principio de su reinado Fernando no pretendio ser liberal o nacional, todos sus actos indicaban sus intenciones, razon por la cual a partir del 10 de Mayo de 1814, todas las cortes liberales y sus tratados constitucionales fueron disueltas, e implementadas por una monarquia absluta mientras el pueblo aun celebraba.

En los meses siguientes el pueblo Español, fue arrasado por un periodo de persecución contra los ideales liberalistas, quienes aun intentaban restablecer la constitución y aunque inicialmente fueran apoyados por la burguesía y otras organizaciones secretas, como la Masonería, al intentar sublevar sus ideales, cada ves fueron traicionados y derrocados por el ejército. A pesar de que Fernando VII, había antes prometido respetar a los afrancesados, de imediato a su arrivo a Madrid procedió a desterrar a todos aquellos que habían ocupado cualquier tipo de cargos politicos en la administración de José Bonaparte "Jose I."

Durante los primeros seis años o sea que en la primera etapa de su reinado entre los años, 1814 y 1820, Fernando VII, se dedico por completo a restaurar y reestablecer el absolutismo por toda España. Incluso, tuvo atentados politicos en querer implementar la restauración Borbónica en Francia, hoy la historia le da gracias a la dificil y compleja tarea, tras la falta de gabinete excepcional de dedicados ministros y diputados, capaces no logro su anterior intencion. Tras esa epoca España enfrentaba una crisis de inestabilidad economica y gubernamental, cual no sobrepasaba los continuos cambios ministeriales, mientras que el rey Fernando VII, apenas contaba con menos de una mano llena de estadistas de categoria elemental. Durante esa epoca los paises de America se beneficiban a lo grande de las incapacidades internas de España, tras enterarse de los constantes fracasos inadecuados, que se negaban a resolver los problemas determinados, que podrian poner orden a lo negativo, para sacar adelante un país devastado por seis años de guerra. Durante esa primera etapa, los Españoles vieron desaparecer la prensa libre, la eliminacion de todas las diputaciones y ayuntamientos constitucionales, tambien atestiguaron el cierre de todas las Universidades. Ya que el rey estaba mas interesado en restablecer las organizaciónes gremiales y en devolverle todas las propiedades que se les habian confiscado a la Iglesia Catolica.

El estallido de las sublevaciónes que comensaron por todo el territorio Español, desde a comiensos de enero de 1820, nos indica que el absolutismo comensaba a irritar al ejercito quien antes los habia apoyado. Aunque el pronunciamiento no tuvo el éxito necesario para derocar al gobierno, tampoco fueron capazes de sofocarlo, ya que varios dias despues encabezados por Rafael de Riego, se sublevaron las fuerzas expedicionarias, quienes se encontraban en el proceso de completar los ultimos preparativos para partir hacia América y garantizar la permanencia de las colonias en manos Españolas. En el transcurso de los proximos meses, las sublevaciones se habian extendido desde Galicia por toda España, obligando a Fernando VII, a jurarentar como ley la Constitución en Madrid el 10 de marzo de 1820. Decretando la misma constitucion que habia anulado y echado al suelo seis años antes; aunque esta ves logro a añidirle la histórica frase: *"Marchemos francamente y yo sere el primero, por la senda constitucional.* Y fue haci que comenzo el Trieno Liberal Constitucional.

Comienzó del Trienio Liberal o Constitucional E Independencia A Centro America

Tras la epoca que estuabo el Trieno en vigencia, el rey Fernando VII, aparentaba acatar el régimen constitucional, proponiendo medidas en contra del absolutismo, extinguiendo la Inquisición y neutralizando a los señoríos. Al menos eso es lo que creian los constitucionistas liberales, sin embargo, Fernando y su gente conspiraban en secreto restablecer el absolutismo. Este ultimo causo la sublevación y el levantamiento de la Guardia Real en julio de 1822, pero fue de imediato sofocada por la Milicia Urbana de Madrid, en lo que historicamente hoy se conoce como la Regencia de Urgel. Despues de estos levantamientos rebeliosos, el inestable gobierno de Fernando VII, nuevamente perdio el control del pais, en su intento de querer reestablecer la monarquia absoluta. Razon por la cual la Santa Alianza tuvo que acudir a su ayuda, precipitando a que interviniera el ejército Francés, en lo que los Españoles historicamente recuerdan como los *Cien Mil Hijos de San Luis*.

Lamentablemente Fernando VII aun no aprendia la leccion, tampoco pudo respetar los deseos y el derecho del pueblo Español y fue haci que en octubre de 1823, antes de cumplirse la etapa, a la brava logro reestablecer la monarquía absoluta en territorio Español. Durante esa epoca se eliminaron todas las metas políticas, firmadas u adaptadas apenas dos años antes en los cambios del *trienio liberal* que el pais volveria a enfrentar. Los privilegios señoríales fueron nuevamente implementados, al igual que la institucion de los derechos del mayorazgos, cual significaba que el primogenitor, heredara todas las tierras y bienes de la familia.

La institucion del mayorazgo en realidad tambien impedia que las tierras de familias 'nobles' pudiesen ser divididas por el pueblo, ya que de antemano establecian que los herederos primogenitos eran los unicos que tenian el derecho de heredarlas.

Finalmente, con la excepción de la inquisición todo fue reestablecido al favor del rey Fernando VII y su movimiento de absolutistas ecleciasticos, monarcas. Lamentablemente para España, America se habia educado, sus estudiantes desde hace 300 años vivian del conocimiento y la sabiduria cientifica y filosofica. La Universidad Nacional de San Marcos en Lima, Peru habia sido fundada desde 1551 y despues de ella habian varias mas por todo el continente Norte, Sur y el itsmo Centro Americano.

Fernando VII, inicio la tercera y última etapa de su reinado entre los años de 1823 a 1833, bajo un mando abominable y ante la vista al mundo, quienes aborrecian su coloniaje por la cual históricamente, es aun reconocida como la *Década Ominosa*. Durante estos ultimos dies años, Fernando VII, ordeno el cierre de todos los periódicos y universidades Españolas y se producieron numerosas represiónes a todos los otros elementos liberales dentro del pais. Tras esa etapa se registraron numerosos levantamientos absolutistas, varios siendo instigados por el clero y por los seguidores del infante, Carlos María Isidro, el cual era hermano menor de Fernando VII, que tambien se creia sucesor al trono y la Corona Española. De manera que hoy sabemos, que aunque se perfilaba como sucesor al trono, lamentablemente para el, el tiempo junto a la sabiduria de los catedraticos, politicos y los generales Latino Americanos, como Simón Bolívar y otros líderes de la emancipación latinoamericana, se habian encargado de consumir y esfumar casi todo el imperio Español. Después de tres siglos de dominio colonial, los pueblos Americanos comenzaron a declarar su independencia, reclamando su derecho para organizarse, como estados nacionales y la desaparición de este imperio fue un proceso mágico, que duro menos de dos años. El cual podemos comparar hoy un paralelo al de la Península Iberica, tras la invasión Francesa, la mayor parte de los reinos o territorios Americanos se declararon libres, soberanos, e independientes y de una sola escupida en la cara del rey, a un solo tiro, todas ellas formaron repúblicas liberales. Tras la *Decada Ominosa* solo Cuba y Puerto Rico en las islas Caribeñas permanecian bajo el mando de la Corona, ya que hasta Santo Domingo y el resto de la Republica Dominicana, habia sido ocupada por Haití. En el mar pacifico sólo las Filipinas, las Marianas y las Islas Carolinas, entre ellas solo Ponape, Truk, Kusaie, Yap y Palaos, permanecían bajo el dominio Español. Siendo las principales islas, del cual hoy se han formado los Estados Federados de Micronesia. Palaos, la más occidental de las Islas Marianas hoy, se es constituida tambien como república.

Después de vivir mas de tres siglos bajo dominio colonial, los pueblos Americanos se levantaron en armas y comenzaron a declarar su independencia, reclamando su derecho para organizarse como estados nacionales, en lo que historicamente se conoce como *"Boston Tea Party."* Juntos se enfrentaron militarmente a las potencias Europeas, dando paso de ese modo, al proceso de descolonización mundial. Massachusettes y las otras doce Colonias británicas, fueron las primeras mediante la Revolución Americana, que dio origen a los Estados Unidos, en 1776, organizando un nuevo tipo de sociedad, a partir de conceptos políticos novedosos como independencia, constitución, federalismo y derechos del Hombre. En 1804, los esclavos negros de Haití, se sublevaron contra Francia, declarando su independencia y creando lo que actualmente, e historicamente se reconoce como el primer estado moderno con gobernantes negros.

A partir del inicio del siglo XIX, todos los pueblos que se encontraban bajo el dominio Español, se rebelaron tras la autoridad y el absolutismo monarquico en levantamientos de Guerra hacia la Independencia Hispanoamericana, en 1809. Las sublevaciones en latinoamerica, tuvieron mayor alcance continental, a pesar de llevar varios complejos de procesos ante el nivel del surgimiento de dies y siete diferentes paises. Entre ellas se encontraban Argentina, Bolivia, Colombia, Costa Rica, Chile, Ecuador, El Salvador, Guatemala, Honduras, México, Nicaragua, Paraguay, Perú, Uruguay y Venezuela. Seis años mas tarde en 1816, la *Gran Colombia*, romperia los eslabones en libertad, conformando en independencia un enorme estado sudamericano en los territorios que actualmente hoy denominan a Colombia, Ecuador, Panamá y Venezuela, conocida entonces como *La Gran Colombia*. La gran Colombia, luego fue disuelta abriendo paso a cada uno de ellos como república soberana e independiente, catorce años mas tarde en 1830, tres anos antes de que Fernando VII muriera y reinaria su hija Isabel II.

Tambien Brasil se organizó como monarquía independiente en 1822, al disolverse el Reino Unido de Portugal, dejando de existir y ser reconocida como el Imperio del Brasil, pero no fue hasta en 1889, cuando la monarquía fue abolida para establecer se como la republica de Brasil. Mientras tanto, en el Norte Estados Unidos negociaba arduamente con Gran Bretaña y Francia para remover las restricciones que impedian el paso al proceso de la independencia Canadiense, y Canada se independiza en 1867.

El largo proceso de independencia hacia los paises hispanoamericanos no se completaría hasta mas de medio siglo despues con la respective independencia de la República Dominicana en 1844 y la Republica de Cuba en 1898.

Mexico cual era conocida entonces como, La Nueva España durante la era colonial, permaneció bajo el control de la Corona por mas de tres siglos. Sin embargo, a finales del siglo, XVIII, ciertos cambios en la estructura social, económica y política de la colonia llevaron a una élite ilustrada de novohispanos, a reflexionar acerca de su relación con España. Aprovechando la oportunidad y la influencia brindada por la Revolución Francesa y la independencia de Estados Unidos, en 1808, la élite criolla comenzo el movimiento emancipador tras la ocupación Francesa de España, que en ese mismo año, el rey Carlos IV y su hijo Fernando VII, tambien conciderado como rey ante el pueblo, ambos abdicaron sucesivamente en favor de José Bonaparte, bajo chantage de su hermano el emperador Frances, Napoleon Bonaparte de modo que de la noche a la mañana España se convrtio en una especie de protectorado Francés.

Pero España y los Españoles, aun no se daban por vencidos, tras su lucha de recuperacion como el glorioso imperio de ante cual seguia en sus corazones, razon por la cual el proceso de la independencia Méxicana es historicamente conciderada como una de las luchas más largas en la historia Latinoaméricana. En 1829, desde la isla de Cuba se envio una expedición al mando del almirante Isidro Barradas, con el propocito de reconquistar el nuevo pais Méxicano y retornarlo a la corona. Fue entonces cuando el pueblo Mexicano realmente se levanto en armas y se dio arduamente a la lucha en contra de estos invasores, hasta lograr expulsarlos del pais.

Mientras tanto, dentro de las colonias Españolas Américanas, ya se comenzaban a formar una variedad de juntas con el propósito de conservar la soberanía tras el retorno del rey Fernando VII al trono Español. Especialmente en Nueva España, donde un grupo encabezados por Francisco Primo de Verdad y Ramos, se habian sujeto al Ayuntamiento de México con dicha autoridad directa de la nueva cabeza colonial. El conflicto duró once años, ya que el principal movimiento homogéneo era reinstalar la soberanía de Fernando VII sobre España y devolverle las colonias Americanas a la Corona Española, pero tras el transcurso del tiempo, la lucha tomo ruta hacia cambios republicanos. Mientras tanto, Jose Joaquin Iturrigaray, sin simpatizar el margen colonial de la Junta, armo a los criollos a radicalizar su posición y sus derechos, para entonces comenzar la guerra por la independencia. La diferencia cuando en el primer intento concluyeron con destituir al virrey, lamentablemente la conspiración de Querétaro fue descubierta. Pero el 16 de Septiembre de 1810 el cura Miguel Hidalgo y Costilla se lanzó a la guerra apoyado por unas tropas indígenas y varios centenares de campesinos, bajo el grito de *Viva la Virgen de Guadalupe, muerte al mal gobierno, abajo los gachupines,* logrando haci finalmente, llevar la revolución por la independencia por un camino directo, hasta poder convertir y desviar la mentalidad del pueblo Mexicano a una guerra independentista. En 1813, el Congreso de Chilpancingo, bajo la proteccion de el generalísimo José María Morelos y Pavón, declaró constitucionalmente la independencia de Mexico, dandole el nombre oficial como la América Mexicana. Jose Maria Morelos, fue derrotado en 1815, por el cual el movimiento se redujo desde un punto de guerra independentista a una simple guerrilla.

A finales del año 1820, la suerte de Agustín de Iturbide, lo llevo a viajar hacia La Sierra Madre del Sur y a Veracruz, donde se aprovecho a formar pactos de alianzas con todas las facciones guerilleras, rebeldes dentro del pais, incluyendo las del gobierno virreinal. Y fue de esta manera que logro consumir la independencia Mexicana el 27 de septiembre de 1821, aunque hay que tomar en cuenta, que España no reconoció formalmente a Mexico hasta diciembre de 1836. Conciderando, que durante el transcurso, España aun haci hiso varios otros intentos de reconquistar a México, sin lograr el objetivo.

Vicente Ramón Guerrero Saldaña, era un mulatto de raza negra, quien fue testigo del arribo de las tropas de José María Morelos, e Isidoro Montes de Oca y al estallar la Guerra de Independencia, en Técpan de Galeana, lo convencieron a unirse al movimiento y se convirtio en un insurgente, político y militar. Su padre, era partidario de la Realesa Española, motivo por el cual el virrey se aprovechó, para tratar de convencerle que depusiera las armas y aceptara el indulto, a lo que Guerrero imediatamente repuso; *"la patria siempre es primero."* Cual frace sirvio de inspiracion para el siguiente poema clasico...

En los montes del Sur, Guerrero un día,
alzando al cielo la serena frente,
animaba al ejército insurgente
y al combate otra vez los conducía.

Su padre en tanto, con tenaz porfía,
lo estrechaba entre sus brazos tiernamente
y en el delirio de su amor ardiente
sollozando a sus plantas le decía:

Ten piedad de mi vida desgraciada;
vengo en nombre del rey, tu dicha quiero;
poderoso te haré; dame tu espada.
¡Jamás! – Llorando respondió Guerrero;
tu voz padre, para mí es sagrada,
más la voz de mi patria es lo primero… "la patria siempre es primero"

El estado de Guerrero es hoy nombrado en su honor y el lema es actualmente por el cual se define el estado. Tras la muerte de José María Morelos, Guerrero logro encabezar una fuerte resistencia en contra del ejército realista Español, la cual le logro obtener una alianza de confianza con Agustín de Iturbide. Y tras la caída del Imperio Español, Guerrero fue convencido por el Partido Popular y la masonería Yorkina de lanzarse a la candidatura presidencial para sustituir a Guadalupe Victoria. Pero las preferencias electorales Mexicanas eran favorecientes al conservatismo y fue entonces cuando Guerrero formó una alianza con Antonio López de Santa Anna y juntos protagonizaron un golpe de estado un primero de Abril de 1829, logrando haci el derrocamiento del presidente electo Manuel Gómez Pedraza. Esta acion, fue un hecho condenado por gran parte de los liberales latinoamericanos incluyendo, Francisco Morazan de Honduras y el propio Simón Bolívar, de Venezuela. Despues de la Revolucion Mexicana, la ex colonia Española pasó a formar una monarquía a corto plazo como parte de la constitucion Católica, bajo el nombre *Imperio Mexicano*, el cual abarcaba todo el territorio Mexicano y el itsmo Centro-Americano. Cual fue disuelto en el año 1823, despues de varios enfrentamientos internos hasta que los territorios que formaban Centro America lograron separarse y convirtirse en una república federal.

Luego de consumarse la independencia de México por medio del *Plan de las Tres Garantías,* la forma acordada de organización de la naciente nación es la monarquía, por lo que se funda el así llamado Primer Imperio Mexicano, a la cabeza del cual queda el General Agustín de Iturbide. A este imperio se suman las también recién independizadas repúblicas centroamericanas. Durante este período el territorio Mexicano alcanza su mayor extensión: más de 5 millones de kilómetros cuadrados (actualmente 2 millones), llegando desde el istmo de Panamá al sur, hasta el Oregón, al norte. Este imperio, fue durante la epoca de 1821 a 1823 y disuelto por el Plan de Casamata. Destacan, que durante este período México tiene por primera - y presumiblemente única- vez en su historia un Ministro de

Estado al frente de la cancillería que no hubiese nacido en el actual territorio Mexicano. Su nombre, José Cecilio del Valle, nacido en Acacoyagua (hoy Comayagua Honduras).

La Guerra de Independencia de México duró once años y distanciaba mucho de ser un movimiento homogéneo. Su propósito inicial era apoyar el regreso de Fernando VII, como rey de España contra la invasión Francesa. Al poco tiempo adquirió matices republicanos y en un par de años, fue sofocada casi en su totalidad por el ejército realista. La lucha pasó a ser una guerra de guerrillas confinada a las montañas del sur hasta que Agustín de Iturbide, militar que combatió a los insurgentes y fue acusado de aprovechar la guerra para su beneficio, ante los tribunales del virreinato, pactó una alianza en el marco de la reforma liberal en España, resultado de la promulgación de una nueva carta magna en Cádiz, que puso fin a la guerra el 27 de septiembre de 1821, aunque España no la reconoció formalmente hasta el 28 de abril de 1836.

El exvirreinato Español, pasó a ser una efímera monarquía constitucional católica llamada Imperio Mexicano. El Plan de Iguala, proclamado por Vicente Guerrero, e Iturbide amparaba tres garantías: la independencia de México, la conservación de la iglesia católica, y la unión de todos los habitantes de la Nueva España, refiriéndose a los mexicanos y Españoles, la cual despues fue aplicada a los pueblos indígenas. El plan no cambiaba la situación social del país, sólo la política, dando más poder a los criollos y a los mexicanos, pero invitaban a un monarca Europeo a tomar el trono del Imperio Mexicano. Ningún monarca lo haría, para evitar conflictos con España, quien aun no reconocía la independencia de sus excolonias Americanas. Razon por la cual, Agustín de Iturbide, casi de imediato fue proclamado como emperador de México por medio de un levantamiento militar. A este nuevo imperio, se sumaron también los otros paises recién independizados, como los estados Centro Americanos de Guatemala, Honduras, Nicargua, El Salvador y Costa Rica... razon por la cual durante este período geográficamente el territorio Mexicano, alcanza su máxima extensión litoral. Elcual se extendia desde el estado de Oregón al norte y al Sur llegaba hasta las fronteras de Costa Rica y Panamá (conocido en esa epoca como parte de La Gran Colombia).

Según nuestras investigaciones, e notas de historiadores, cual nos indica que fue por falta de un efectivo plan económico el gobierno de Iturbide, solo duró apenas nueve meses en el poder, dado que la rebelión republicana amparada por el *Plan de Casa Mata* cual tomaría el poder e instaurando el sistema republicano federal en México en 1824, poniendo fin al unico imperio en las Americas y el inicio de la primera República Federal.

Después del golpe de estado de Antonio López de Santa Anna, Iturbide busco ayuda en la Iglesia, pero decidió abdicar del trono y presentó su abdicación en una sesión del Congreso la noche del 19 de marzo de 1823, huyendo a Italia poco después. Después de que el Imperio Mexicano fuera disuelto, las provincias Centro Americanas decididas para salir de México crearon su propia federación. No existen dentro de los registros históricos u documentos que indiquen esfuerzos de Mexico a volver intentar tomar los territorios. En abril de 1824 el Congreso declaró traidor a Iturbide. Algunas décadas después un imperio nuevo sería establecido en territorio Mexicano, con Maximiliano de Habsburgo como emperador. Como Maximiliano y su esposa, Carlota de Bélgica, no podían tener niños, decidieron adoptar dos de los nietos de Iturbide, quienes fueron nombrados herederos y príncipes del Imperio Mexicano.

Como Centro Americanos, tan solo podemos imaginarnos que mientras los recursos naturales de nuestros paises de la region Latinoamericana, eran sequeados, los nativos ultrajados y nuestras hermanas violadas, España en realidad no era aquel imperio fuerte, cual presentaba al mundo. La verdad es que durante la epoca de las guerras sobre la independencia de Mexico y Centro America, Fernando VII, estaba preso en Francia y su pais gobernado por el Frances, Jose Bonaparte, luego las revoluciones internas y su fuerte enfermedad, cual causo su muerte dejando al mando quein mantuvo suspendido en el aire una niña de apenas tres años de edad.

Las guerras del grito de independencia surgian por todo el itsmo, desde Mexico hasta Costa Rica, e incluso Cuba y Puerto Rico, mientras tanto en España, Fernando promulgaba la Pragmática Sanción, del 31 de marzo de 1830, la cual habia sido antes aprobada casi cincuenta y un años antes el 30 de Septiembre de 1789, bajo el reinado de Carlos IV, pero que no se había logrado efectivad por razones de política exteriores.

La Pragmática establecía que si el rey no tenía heredero varón, su hija mayor heredaría la corona. Esto excluía, en la práctica, al infante, Don Carlos María Isidro de la sucesión, por cuanto ya fuese niño o niña quien naciese sería el heredero directo del rey. De esta forma, su hija Isabel, la futura *Isabel II*, nacida poco después, se veía reconocida como heredera de la corona, esto causo gran disgusto entre los partidarios de don Carlos, el hermano del rey.

En 1832, el rey se encontraba en La Granja sufriendo de una grave enfermedad, cuando los cortesanos partidarios del infante se aprovecharon, logrando asi que el rey Fernando VII, firmara un nuevo decreto derogando la estadistica Pragmática. Tras la mejoría de salud del Rey, el gobierno de Francisco Cea Bermúdez, la puso de nuevo en vigor. Fue en ese entonces cuando su hermano, Don Carlos se marchó a Portugal. Mientras tanto, la heredera Isabel, quien en esa epoca apenas tenía tres años de edad y estaba bajo el cuidado de su madre y nombrada regente, María Cristina de Napoles. Esta ya habia iniciado acercamiento hacia los liberales y concedió una amplia amnistía para los liberales exiliados, prefigurando el viraje político, hacia el liberalismo que se produciría tras la muerte del rey. La salud de Fernando VII, empeoro y murió en 1833 sin tener hijos varones, aunque tambien tenia otra hija, la infanta Luisa Fernanda. El infante Don Carlos, junto a otros realistas, quienes le consideraban como el legítimo heredero de la corona por ser hermano del rey, se negaban a aceptar a Isabel, su hija primogénita como la nueva Reina de España, se sublevaron y esto dio empiezo a la Primera Guerra Carlista. Con ello hizo su aparición el Carlismo.

La Historia de Isabel II

Isabel II fue la primer mujer quien llego a ocupar el trono Español, tambien fue la primer monarca menor de edad quien llego a reinar uno de los imperios mas grandes del mundo antes de cumplir los dies años de edad. Isabel era la primera hija del rey Fernando VII, con su cuarta esposa y sobrina María Cristina de Nápoles de Borbón. Isabel asumió el trono de Español el 29 de Septiembre de 1833 después de la muerte de su padre, cuando tenía menos de tres años de edad. Su nacimiento y posterior ascensión al trono, provocó el inicio de un largo conflicto, puesto que su tío, Carlos María Isidro de Borbón, hasta entonces esperaba heredar la corona, despues de la muerte de su hermano. Don Carlos, no quiso aceptar que Isabel fuese nombrada ni Princesa de Asturias y mucho menos Reina de España.

Tras los primeros años de su reinado, cuando Isabel era apenas una niña, la regencia fue asumida por su madre, hasta 1840 y fue durante ese period, cuando ocurrio la Primera Guerra Carlista, cual duro desde 1833, hasta 1840. Desde 1840, hasta 1843, el general Espartero, fue Regente cundo obligado, finalmente tuvo que a abandonar la regencia Española. Al nomas cumplir los trece años de edad, Isabel fue declarada mayor de edad y cuando a los 16 años, el gobierno manipulo su arregló matrimonio con su primo, el infante Don Francisco de Asís de Borbón, quien fuese Duque de Cádiz. La boda de la Reina fue de motivo politico nacional e internacional, ya que los diferentes países Europeos maniobraron operaciones para que la nacionalidad del nuevo Rey no perjudicase sus alianzas e intereses. Finalmente, se optaron por Don Francisco de Asís, quien les pareció un hombre apocado y de poco carácter, quien no interferiria en questiones de políticas mundiales.

Según los relatos que surgian de la familia real y otros diversos autores, tal como los que venian de León y Castilla y otros brindados por el entonces Embajador de España en París durante su exilio parisino, indica que Isabel II, odiaba a Francisco, su esposo y su primo, quien era bisexual u homosexual. Otros relatan que la misma Reina ampliamente comentaba y compartia sus pensamientos sobre Francisco de Asís, al aire libre por los pasillos del castillo, e indican que en la noche de bodas en forma de burla vergonsoza le preguntaba; *"¿Qué pensarías tú de un hombre que la noche de bodas tenía sobre su cuerpo más puntillas que su mujer?"*

Historiografia de Las Naciones Centroamericanas... Centro America.

Según nuestra antigua historia, la avansada Civilización Maya, floreció en la mayor parte de lo que hoy es Guatemala y sus regiones circundantes, durante aproximadamente 2,000 años, antes de la llegada de los Españoles. Que la mayor parte de las grandes Ciudades Clásicas Mayas, de la región de el Petén y las tierras bajas del Norte de Guatemala, fueron abandonadas alrededor del año 1000, A.C. Los estados de las tierras altas centrales, sin embargo, aun prosperaban, hasta la llegada del conquistador español, Don Pedro de Alvarado entre 1523-1527. Los pobladores nativos, de las tierras altas de Guatemala, como los cakchiqueles, mam, quiché y tzutujiles, aún formaban una parte significativa de la población Guatemalteca.

Antes de el contacto con España, en 1492, tras la época precolombina, la mayoría del territorio de Centro América, eran parte de la civilización mesoamericana. Las sociedades nativas de la zona ocuparon las tierras entre el centro de México en el Norte hasta el noroeste de Costa Rica en el sur. Las culturas precolombinas de Costa Rica comerciaban con Mesoamérica y Sudamérica, entre un sistema transicional, epoca tambien considerada entre estas dos áreas culturales.

La Conquista y dominio Español, predomino en el territorio Centro Americano, desde el Siglo XVI, hasta principios de el Siglo XIX, Centro América, formo la Capitanía General de Guatemala, siendo esta, historicamente y aun hoy conocida como, el *Reino de Guatemala*. Su integración y división interna, varió repetidamente, aunque oficialmente, la Capitanía era parte del Virreinato de *Nueva España*, y por lo tanto, estaba bajo el control del virrey Español en Ciudad de México. Sin embargo, este no era administrado por el virrey, sino por un Capitán

General independiente, el cual primero tenía sus instalaciones en Antigua Guatemala, cual despues fue trasladado, a Ciudad de Guatemala.

Durante el año 1523, fue cuando los conquistadores Españoles, ingresaron por la parte occidental Centro Americana, provenientes desde Nueva España (Mexico). Todos ellos liderados, por el Cápitan y lugarteniente Don Pedro de Alvarado. Enfrentándose en conflicto armado, primero con los k'iches y aliándose después, con los cakchiqueles. Un año después, en las cercanías de Iximché, capital de los cakchiqueles, logro fundar su primera Villa, el 25 de julio de 1524, cual nombro Ciudad de Santiago, en honor a el conocido Apóstol Mayor.

De acuerdo a los historiales, Pedro De Alvarado, trasladó la ciudad tres años mas tarde, un 22 de noviembre de 1527, y ésta luego fue destruida el 11 de Septiembre de 1541, por un alud de lodo y piedras provenientes de la cima del Volcán de Agua, major conocída por los indígenas como 'Volcán Hunahpú.'

El derrumbe sepulto completamente a la entonces capital de la región, enterrando no solo a la ciudad, si no también a la mayoría de sus habitantes y fue en esta ocacion, donde también pereció *Doña Beatriz de la Cueva,* a quien historicamente se le considerada como la primera mujer gobernadora de cualquier estado en América. Beatriz quien tambien era la viuda de Don Pedro de Alvarado, por lo cual se estima que esto obligó a los gobernantes Españoles que de imediato trasladaran nuevamente a la ciudad, alejandole a unos 6 kilómetros más abajo dentro del Valle de Panchoy, donde actualmente hoy se encuentra la ciudad de Antigua Guatemala. Y el 10 de marzo de 1543, el Ayuntamiento allí celebraria su primera sesión. La ciudad, ya en su tercer asiento oficial, conservó el mismo escudo de armas, otorgado en Medina de Campo, por real cédula el 28 de Julio, de 1532. También el 10 de Marzo de 1566, el Rey Felipe II, la condecoró con la merced, del título de "Muy Noble y Muy Leal Ciudad." Logro ser la tercera ciudad de importancia en América, después de México y Lima, Peru de donde irradió la cultura y gozó de bien merecido prestigio. Es así como se inició al Período Colonial de Guatemala y el resto de Centro America.

Este período colonial, duró casi 300 años, mientras tanto, Guatemala fue una capitanía general, *Capitanía General de Guatemala,* pero a su vez, Guatemala aun dependía del Virreinato de la Nueva España (hoy México). Y esta se extendía, desde la región del Soconusco, (hoy estado de Chiapas en el sur de Mexico) y llegaba hasta, el entonces estado de Costa Rica. Y aunque esta región no era tan rica en minerales y metals, tal como lo fuesen

México y Perú, sin embargo, los habitantes se destacaron en la producción agrícola, principalmente en la ganadera. Siendo varias de sus principales recursos la caña de azúcar, el cacao, las maderas preciosas y tinta de añil para teñir textiles.Aunque en el Peru ya existian los estudios universitarios, siendo la Universidad Nacional de San Marcos, la primera fundada en America, pero en Guatemala los estudios superiors, tambien formaron una parte integra, ya que estos aparecen en Guatemala desde mediados del Siglo XVI, cuando el primer Obispo de el reino de Guatemala, el Licenciado Don Francisco Marroquín, fundo el Colegio Universitario de Santo Tomás, en 1562, siendo ésta la tercer universidad del nuevo mundo.

Antigua Guatemala había sido destruida nuevamente por dos terremotos, una en 1773, y se cree que el otro fue a mediados del 21 de julio de 1775, cuando el recién llegado Presidente, Don Martín de Mayorga, solicitó a la Monarquia Española un permiso, para trasladar la antigua ciudad, cual permanecia vulnerable a las erupciones volcánicas, terremotos e inundaciones. Pero el traslado a la moderna Ciudad de Guatemala no fue oficializada hasta despues del cuarto asentamiento el 2 de Enero 1776, durante la primera sesión del ayuntamiento por el gobernador de la Audiencia Matías de Gálvez y Gallardo y todos los remanentes de su arquitectura Española colonial, fueron conservados como un monumento nacional. La real orden dada, en Aranjuez el 23 de Mayo de 1776, demando a que se extinguiera el antiguo nombre de Santiago y que se adoptara el de Nueva Guatemala de la Asunción, conservando estas sobre las bases del llamado, Establecimiento Provisional de La Ermita. Tras el correr del tiempo esta llego a ser conocida por su nombre actual de Ciudad de Guatemala y logrando convertirse en los siguientes años como una de las ciudades más grandes, productivas y populares del istmo.

Durante la época de la Constitución de Cádiz, entre los años 1812 a 1814 y desde los 1820 a 1821, el reino de Guatemala desapareció y fue sustituido por dos provincias independientes, entre ellas se dividian la Provincia de Guatemala y la Provincia de Nicaragua y Costa Rica. En 1821, en vísperas de la independencia, se crearon tres provincias más, el de Chiapas, El Salvador y Honduras, cuales eran segregadas de la Provincia de Guatemala.

Independencia de Centro America

Hasta hace unos 15 años atras, la actual *Acta de Independencia de Centroamérica* aun se podía localizar, en las instalaciones de la Asamblea Legislativa de la República de El Salvador, San Salvador. Hoy dia no se, donde me imagino que aun se encuentra. En 1821, Chiapas proclamó su independencia de España, decisión que fue imitada el 15 de Septiembre del mismo año por la Provincia de Guatemala. Esta misma fecha es aun considerada, como el día de la independencia de todas las naciones Centro Americanas y es también en la cual se celebra. El Jefe Político Superior de la Provincia de Guatemala, Gabino Gainza, se mantuvo al frente del gobierno interinamente. Las Provincias de El Salvador, Honduras, Nicaragua y Costa Rica, tambien proclamaron casi de imediato, su independencia absoluta de España en diversas fechas, pero el 15 de Septiembre es la cual reconocen.

Aunque los sueños de la independencia Centro Americana tuvo una corta vida, puesto que imediatamente surgió la idea de anexarse nuevamente al *Primer Imperio Mexicano,* de Agustín de Iturbide, decisión que se consultó con los ayuntamientos, el 5 de enero de 1822, ya recibidos los votos mayoritarios, de los ayuntamientos, el gobierno de Guatemala proclamó casi de imediato la anexión de Centroamérica a México. Dada esta decisión, fue adversada de modo rotundo por El Salvador, la cual tampoco fue muy bien recibida, no pudo contar con las simpatías de muchas de las poblaciones de Honduras, Nicaragua y Costa Rica; sin embargo, un ejército Mexicano, bajo el mando del General Vicente Filisola, llego a ocupar la Ciudad de Guatemala y luego invadió y ocupó El Salvador, razon por la cual los Salvadoreños proclamaron casi de imediato, su unión territorial a los Estados Unidos de América.

El siguiente año en 1823, México rompio oficialmente las cadenas Españolas y se declaro una república independiente, luego se acogió el derecho de que Centro América determinaria su propio destino. Varios meses después se reunió en Guatemala la Asamblea Nacional Constituyente de las Provincias Unidas del Centro de América, que el 1 de julio de 1823, declaró la independencia absoluta de España a México, y todas las otras naciónes centromaricanas, estableciendo haci de una ves un sistema de gobierno republicano.

Dentro del artículo principal de las Provincias Unidas del Centro de América, se esperaba mantener lo siguiente... un naciente pais e unión Centro Americana, oficialmente cual se denominaria de nombre oficial "República Federal de Centroamérica," Esta comprendería de los estados de Guatemala, El Salvador, Honduras, Nicaragua y Costa Rica. Según el articulo, los liberales Centro Americanos, mantuvieron grandes sueños y esperanzas en la República Federal, la cual ellos creían que se evolucionaria en una moderna nacion democrática, enriquecida por el comercio a través de la zona, entre los Océanos Atlántico y Pacífico. Estas aspiraciones, no solo fueron reflejadas con la esperanza estampada en los emblemas de la república federal, si no tambien el el himno... La bandera mostraba una banda blanca entre dos bandas azules, representando la tierra entre los dos océanos. El escudo mostraba cinco montañas, una para cada estado, entre dos océanos, sobre un gorro frigio el emblema de la Revolución Francesa. El escudo de Honduras, aun lleva dichos simbolos y cuatro de las cinco naciones, aun tienen en sus banderas los antiguos motivos de la Federación, que consistía en las dos franjas exteriores azules, alrededor de una franja blanca interna. La bandera de Honduras, tambien lleva las cinco estrellas representando asi, a los cinco estados de la historica provincia unidas del centro de America... los himnos de cada pais tambien mencionan este sueño liberalista aun sin desarrollarse.

Apesar del gran sueño liberal, pronto estallaron una serie de disensiones y guerras civiles, que culminaron con el derrocamiento en 1829, del gobierno constitucional cuyo Presidente titular, era entonces el Salvadoreño, Manuel José Arce, elegido en 1825, y que ejercía desde 1828 el Vicepresidente, Mariano de Beltranena y Llano, Guatemalteco. Interinamente, se hizo cargo del gobierno, el liberal Guatemalteco José Francisco Barrundia y Cepeda. En 1830, el Hondureño Francisco Morazán, fue elegido como Presidente, quien posteriormente fue elegido una segunada vez para el período de 1835 a 1839. Durante el periodo de la segunda administración de Morazán, resurgió la guerra civil, Nicaragua casi de imediato se separó de la República el 30 de abril de 1838, y el Congreso federal aceptó que se constituyera un nuevo Estado. Cuya capital se establecio en Quetzaltenango Guatemala, luego Honduras se separó de la unión, el 6 de octubre del mismo año y Costa Rica el 14 de noviembre del siguiente mes, tambien Guatemala se separó el 17 de abril del 1839 y a principios de 1840 sus tropas se reincorporaron Los Altos de Quetzaltenango.

Durante el siglo XIX varios otros intentos fueron establecidos con el afan de volver a reunir las naciones Centro Americanas, especialmente mediante las conferencias unionistas centroamericanas, del cual ninguno tuvo éxito. El primero de ellos fue ejecutado durante la epoca de los 40 cuando en 1842, el Hondureño, y ex Presidente Centro Americano, Francisco Morazán. Morazan nuevamente se había apoderado del poder en Costa Rica, e intento restablecer la Unión Centro Americana por la fuerza, lamentablemente su intento terminó con su caída y ejecución bajo fusilamiento militar. Durante esta misma época, recien se había firmado un pacto de unión en Chinandega, El Salvador para establecer una *Confederación de Centro América* en estas se incluían los paises de El Salvador, Honduras y Nicaragua. Aunque Costa Rica se habia adhiridó condicionalmente; sin embargo, este intento solo duró hasta 1844. El otro intento se formalizo en 1849 para llevarse a cabo en el año de 1852 entre El Salvador, Honduras y Nicaragua pero tampoco tuvo exito.

La llamada intentona de Barrios, se produjo 1885, por el entonces presidente Guatemalteco, Justo Rufino Barrios, quien intentó unir la nación por las armas, pero tambien murió en su intento, mientras sus tropas combatian contra las fuerzas Salvadoreñas. El cuarto intento sucedió en 1896 entre los paises de Honduras, Nicaragua y El Salvador cuando, soñaban crear la *República Mayor de Centroamérica* y luego los *Estados Unidos de Centroamérica*, cual duraria hasta 1898. Y el quinto y último intento tomo efecto en 1920, durante una conferencia celebrada en San José, Costa Rica, el cual logro que Costa Rica, El Salvador, Guatemala y Honduras firmaron un pacto de unión. Este luego fue aprobado por El Salvador, Guatemala y Honduras, de este en 1921, constituyeron la *República Federal de Centroamérica*, pero en Enero del año siguiente en 1922 Guatemala se separó y los otros Estados restantes tambien decidieron reasumir su soberanía.

La historia Centro Americana, nos indica que a pesar de los fallidos intentos de unión de las Provincias Unidas de Centroamérica, el sentido de haber compartido historia y la esperanza de una eventual reunificación, persisten en la mayoría de las naciones que fueron parte de la unión. Uno de sus mayores exitos fue entre los años 1856 y 1857, cuando lograron establecer una coalición militar regional, para repeler la invasión del aventurero, filibustero Estadounidense, William Walker. Walker fue capturado y fucilado en la Antigua ciudad de Trujillo, Honduras. Hoy dia, cuatro de las cinco naciones aun tienen en sus banderas los antiguos motivos de la Federación, cual consiste de dos franjas exteriores de color azul, alrededor de una franja blanca interna. Costa Rica, es el único pais estado que se mantuvo en paz durante la Federación, cual cumplió con todas sus obligaciones tributarias y militares con el gobierno federal. Tambien fue el cual desde el decenio de 1840 a ser menos convencido de las bondades de la integración regional, razon por el cual modificó significativamente su bandera en 1848, oscureciendo el azul, y añadiendo una franja de doble tamaño en color rojo, como un homenaje a la bandera de Francia. El Salvador y Guatemala también tuvieron durante muchos años banderas muy distintas a la federal. A principios del siglo XX, fue creada la Corte de Justicia Centroamericana o Corte de Cartago en 1907, pero Nicaragua luego se retiró de este tribunal en 1917, dies años despues y en 1918 caducó un convenio constitutivo.

Aun con la esperanza de que una unificación política pudiese ser el siguiente paso para la economia regional, Guatemala, El Salvador, Honduras, y Nicaragua lograron establecer el Mercado Común Centroamericano en 1960, al que luego tambien se uniria Costa Rica. Varios estiman que por causa de la famosa guerra del futbol del 1969 entre Honduras y El Salvador no se permitio la esperada relacion sustantiva, que atentaba logros economicos de la region. Sin embargo las guerras internas rebeldes en Nicaragua, Guatemala, El Salvador y la corrupcion politica de las recientes decadas continuaron con impedir su intentado avance.

El Parlamento Centroamericano (PARLACEN), fundado a principios de los 1990, actualmente continua operando, como institución política consagrada a la integración de los países de Centroamérica. Esta tiene sus oficinas principales o sede en Ciudad de Guatemala, cual es integrada por Diputados de El Salvador, Guatemala, Honduras, y Nicaragua, República Dominicana y México, se prestan como observadores regionales; sin embargo Costa Rica, aun no ha aprobado el convenio constitutivo del Parlamento, ni el de la Corte Centroamericana de Justicia, cual fuese constituida en el decenio de 1990, del cual sabemos que tampoco es parte

Guatemala. Hasta en los años recientes, se estima que PARLACEN, aun no habia tomado ningún paso sustancial, que nos indica el dirigirse a algun tipo de restauración de la historica unión política. Aunque hoy tendremos que considerar que a comiensos del siglo XX, en 1903 tras separarse la Republica de Panama de Colombia, tambien se dio a la formacion de un Nuevo pais y una nueva republica en el itsmo, dado que la República de Panamá, tambien queda geográficamente inserta en el territorio Centro Americano. A pesar qu esta nueva república, tiene muchos más vinculos história de los más vinculos históriografica y cultural con Sur América y otros paises de el Caribe. Panama hoy tambien reconoce ser partidaria de la integración Centro Americana, razon por el cual tambien se suscribió al PARLACEN en 1993 y se estima que tambien aun toma participación activa en todos los acuerdos fortalecidos sobre los vínculos comerciales con los países de la región.

Cuanto Brillan Las Estrellas en Luna De Miel

El caminar contigo en las playas de Masca y Omoa
Juntos de la mano en la arena sintiendo los sueños de amor
sin preocupacion ni desesperos tras una vida nueva en el atardecer
lleno del cantar de los pajaros adjunto un brindis con danzas
llenas de harmonia… atraidos el uno al otro en aquellas blacas playas
la arena Hondureña como las olas bailan de alegria eterna en nuestra luna
de miel
cual aun ni asi la lluvia en baldes frios pudiese opacar

un amanecer brillnate junto a las orquideas y un baño de uvas
al secar tu linda piel bañadas en un tierna y sensual masaje de aceites de coco
seca humedad cuan petalos de rosas rojas esperan nuestra celebracion
por la union de nuestras vidas que dias antes habia pedido tu mano
al ritmo nupcial del compas de la vida con un nuevo atardecer.

Con la bendición de tus abuelos, tus padres, hermanos y familiares
Juntos…unidos todos gozando de alegría al brindarnos su bendición
acompañados por el dulce son de las las trompetas como arias del saxsofon
describiendo el ritmo de nuestro futuro

enfocados todos al ver aquella blanca iglesia con la cual ambos ya habíamos
soñado
como el brillar de las estrellas en voz alta hoy grito bendito sea el
encomendado hijo de Dios quien dias antes pronunciaria en gozo vivo al
mundo nuestra bella union

Arribastes a mi corazon subitamente como un ave a su nido
tu fragancia de mujer me cautivo al igual que el aroma
de una flor recien cortada de aquellos jardines exoticos

la calma harmoniosa cual brindo tu espirito de primavera
desperto mi alma casi moribunda... rendido del sensual vuelo
y en ti un amor eterno encontre... en tus alas de mariposa de campo
cual encenderia nuevamente el brillante sol
embelesado por tu suma belleza
nautica e inspiradas de amor

Una melodia sin substancia
del aire puro que respiro
presentacion de un violin sin cuerdas
del canto que no se escucho.

Ojos perdidos que ahora buscan el destino
desgarre emocional que trata de encontrar la luz.
enfocados nos encontramos todos
en el interprete que canta
mientras ignoramos al compositor.
juntos navegamos en la misma barca
sambullidos en un mismo mar.

Cuan tarde sera cuando escuchamos la melodia
al igual que un nombre en el olvido.
Insistencia en la mente vaga
y perdida en la obscuridad

Vivir una vida junto a aquellos que nunca preguntan
cual lealtad se declare como juramento.
gentil luz encierre del atardecer.

Tentacion de asombro
pagina tras pagina leida
que en el camino alumbrara una vida.

Perder sentido
con manos habiertas que se te escapan los sueños
como agua cual derrama la oportunidad que se fluyen por los dedos
de manera peculiar y deslumbrante
tras de una vision de la cual no sabras su futuro.

Despertar por un beso genuino y sorprendente.
permanencia lejana
como pretendiendo renunciar a un mundo desconocido
cuan invierno pasa lentamente.
primavera que se asoma sin mientras nada, nada mas cambia aquel atardecer
obscuro.

Soledad Amarga

Seres perdidos que al final de una larga trajectoria
se dirigen a su hogar

Aquel vecino que junto a su familia
comparten la cena en el comedor
mientras tu como un Cristo sin apostoles
comeras de nuevo solo en tu humilde cocina.

Inocente martyr
que corona de espinas has heredado
con tus desventuras podras adornar el arbol desnudo
cual nido hoy vacio… las aves han volado.

Desde lo muy alto de la loma durmiente
admiro el valle.
cual se extiende gradualmente de Norte a Sur

Cordillera que desaparece tras las montañas
como si vagara en una escalinata verde
pendiente, tras pendiente.

Sonrie... es el nuevo amanecer
luego disfrutaras del sol naciente.

Ya No Te Tengo

Nuestro amor es cual
la debil luz de una lampara
donde se agota el aceite
y luego lentamente se apaga

Una vez alumbrastes mi vida
me distes el amor... la dicha y la gloria
Nos amamos...cual frajiles mariposas,
atraidas al perfume de las rosas.
como el iman atrae a los metales
como el agua atrae al sediento
y el pan arrastra al hambriento.

Ahora cuanta tristesa,
ya no te tengo

Estoy Pensando En Ti

Estoy llorando es cierto
pero no es de dicha tampoco es de felicidad

Estoy llorando es cierto, estoy pensando en ti.
En tu amor en tus caricias y en tus besos,
estoy pensando en ti

Recordando aquellos tiempos,
cuanta felicidad cuanto amor.
estoy pensando en ti esta noche
como en las noches aquellas
cuando aun te tenia.

Pero no importa sabes
si aun me queda el savor
de tus besos y el calor de tu cuerpo.

Estoy pensando en ti como en antaño
cuando el sol nos calentaba y el viento
la popa y las velas a mi barca soplaba
estoy pensando en ti vida mia
aun despues de mi muerte y aun alla en el infinito
por siempre y para siempre seguire pensando en ti.

Sin Palabras

Sin decir una palabra
me dijistes te quiero.
Sin decir una palabra
te dije yo tambien

Sin decir una palabra
nos amamos los dos
y ahora sin palabras
me dices adios.

Algun Dia Me Querras

Al mirar tu rostro contemplo esa mirada
calida y tranquila

Pienso que no me quieres
Pero aun asi he de insister queriendote
hasta que aceptes

Si es que tengo que esperar
esperare hasta el dia
del juicio final

Si en el camino
la muerte me sorprende
estare esperandote
en el mas alla.

El Amor

Que facil es decir te quiero
dificil es querer como te quiero
amar y ser amado

Sentir el latir de dos corazones
el calor de tu cuerpo
el tibio aliento de tu boca
y la pasion ardiendte
vehemencia total cual respiracion profunda de tu pecho

Como definir esto cual siento
si es tan divino.. tan puro
y tan verdadero

Como el nacer del brillar
de un dia lleno de sol
cual espera la llegada de la primavera
despues del frio y largo invierno

Como una noche estrellada
despues de los rayos truenos y tormenta.

Divino amor… canto celestial.
ingeniosa inspiracion dado al Dios
eterno y todo poderoso,
para crear en este mundo el amor.

Ya No Eres Mia y Ya No Te Tengo

Te acuerdas cuando juntos caminabamos sin sentir cansancio.
cuando en las playas nuestras pizadas se confundian en las arenas.
cuando nuestra cancion era la misma y nuestros corazones palpitaban
al mismo ritmo de un solo amor

Ahora que lejano esta todo y nuestra cancion ya no es ni la misma
te acuerdas cuando nuestros labios se unian en un solo beso.
cuando nuestros cuerpos sentian la misma cascada de felicidad.
hoy que distanciados hemos flotado… tus besos ya no son los mios
y nuestros corazones aun palpitan pero a distintos ritmos
sinembargo tu cuerpo al igual que las mismas playas al caminar
yacen bañadas por olas distintas.

Ya no eres mia… hoy ya no te tengo.
oh Dios te habre perdido… mas ese amor infinito
que un dia jurastes y crei eterno hos se ha esfumado.
En este dia mi alma muere de pesar
porque tender que aferrarme a la idea y la conclucion
que ya no eres mia y ya no te tengo

Olvido

Pensar cuanto te quise
y ver que ya no te quiero...
Tu amor fue para mi
lo mas grande lo mas puro
lo mas divino.

pero hoy todo se esfumo
como el humo de un cigarrillo
al elevarse al cielo
al igual que el despertar
de un hermoso sueño.

Amor que se derrumbo frente a mi
como un castillo de naipes
ante un leve soplo de viento.

Tu amor fue para mi
lo mas grande lo mas puro
lo mas divino y crei ser lo mas verdadero

Pero desaparecio como el caer del telon
al finalizar la funsion de una obra
y ahora me pregunto
porque te quise tanto
porque ya no te quiero

Quiza es porque se olvidar
con la misma intensidad
que supe amar.

Sed

Como un desierto solitario
mi corazon se encuentra
como una tumba fria
ha quedado el alma mia

El dolor atraviesa mi pecho
como un puñal de acero
un penacho de desiluciones
destroza mi cuerpo hueso por hueso.

Un torbellino de pasiones muertas
hace que mi cuerpo languidezca.

Tengo sed, pero el agua no la calma
es la sed de amarte que me consume.
sed de sentirme cerca de tus labios
y que tus besos mis pasiones calmen
bajo el sol ardiente de tu mirar punzante

Siento deseos de gritar tu nombre,
mas las palabras cual se ahogan en mi garganta
se muy bien que mis gritos se perderan en la noche calma
Tengo sed...!

Romance De Un Amor Imposible

El amor es una tristeza,
es como una adivinanza.
Llega como una tormenta y se aleja como una barca
dominada por la marea que a ciega fuerza que la arrastra

Amor... mujer... lagrima viva!
profunda herida que no mata el juramento que no se cumple
miraje azul de rosa nautica
Clara fontana en que navegan los remolinos de mis deseos
que se encuentran en la carne de aquel dulce pasado

Un cuarto obscuro de suplicios
besos de fuego en el silencio como el sentir lo fragil de su entrega
y oir sus llantos de loca rabia tras la muralla una neblina
cual simplente es su fingida indiferencia

Mujer, Amor grito deshecho
en manantiales de tormento
la ansia cruel de sacrificio
petrificado por el deseo

Mistica luz que rasga el tenue velo nupcial
de la manana arebol cual gesta voces de misterios
y prende aromas en el viento.

De este amor imposible
a quien hare yo responsable
talvez a la casualidad que nos unio.

Mi Rival

Entre tu amor y el mio existe un rival
tan grande y poderoso
que el fuego de mis caricias
no lo ha podido apagar.

Te hiso olvidar el sabor de mis besos
y el calor de mi cuerpo
por el cual te olvidastes
de las noches aquellas
cuando juntos nuestros cuerpos
se unian hasta el alba.

En cambio odiar a mi rival no puedo,
sin embargo debo bendecir su nombre
y hasta sus plantas besar
porque al preferirlo a el preferistes amar
a toda humanidad

Aunque ya por mi
no sientas ese amor frio sucio y carnal
Hoy se que me amas
mas que antes
de lo que me pudistes amar

Porque ese rival que tanto te ha cambiado
es el Dios del calvario.
Bendito seas oh noble y santo rival

Quiero Volver A Vivir

Sentado mirando al cielo
desde mi balcon
Le pregunto al Dios eterno en oracion.
Padre en donde andara mi corazon?

Un corazon que te entregue
sin condicion ni recelos
por los mejores años
Y hoy se ha marchado
dejando un engaño

Señor... hoy a ti te pregunto porque...
porque se fue?
Porque se ha marchado
dejando tan grave herida en mi Corazon?
Destruyendo a mi vida cual ha quedado
completamente vacia

Aun estoy mirando hacia el cielo desde mi balcon
en sueños quizas alguna ave retornara mi corazon
dile Señor que devuelva a mi vida ese amor
pues solo quiero volver a vivir feliz y talves sin rencor.

Que Debo Hacer

Me contaron por alli de ti,
que tu no eras para mi.
Mis amigos me decian a mi
que me romperias el corazon.

Mas yo no podia creerles, y me enamore de ti;
yo crei en tus sentimientos y que tu amor era real.

Coro
Hoy dime y dime que debo hacer para olvidarme de ti
si en mi mente se que te vas
Que voy a hacer para olvidar este amor
que aun esta en mi corazoon

Locura fue quererte tanto a ti
y me enrede en tu falsedad
Me hubiera marchado de una ves de ti
pero me enciego el amor.

Yo no queria creerlo
y en tu trampa fui a caer
yo crei que tu serias sincera
que tu mirada y tu sonrisa era fiel.

Coro
Hoy dime que voy a hacer,
para olvidarme de ti;
si se bien que te marcharas.
Y dime que, que voy a hacer
para olvidar este amor,
que aun esta en mi corazon.

Translated by Sabas Whittaker
for BESO Music. 4/18/93

241

No Abandones La Lucha

Cuando tu mundo se derrumba
como a veces pasara
Y el camino que caminas
lleno de piedras esta

Cuando las deudas sobre escalan el presupuesto
y el salario no te da
Y has tratado de de sonreir
pero el llanto inunda tu semblanza
No abandones la lucha y sigue con la alabanza
y al final triunfante saldras.

Si sientes que la salud abandona tu cuerpo
y agotado ahora estas
Descansa si debes mas no dejes de luchar
y triunfante acabaras

En el camino de la vida hay muchas curvas
que solo con experiencia y años talves aprenderas

Muchos han fracasado
cuando pudiesen haber sido triunfantes
si hubiesen resistido un instante mas.
Avansa si... sigue la lucha aunque a pazo lento
porque poco a poco muy lejos se va

Mas nunca digas me voy y los dejo
porque el triunfar... es el haber fracazado dos veces
una ves las nubes de color gris hayan desaparecido al pasado

Mas no importa cuantos golpes la vida te haya dado
manten la lucha... porque cuando la paliza ceda tu triunfante saldras.

Como esconder las lagrimas un minuto mas cuando me siento ahogar de emocion

Como estrecharte la mano si nos encontramos a varias millas de distancia

Como entender tus penas si no puedo sobre pasar las mias

Amiga, no tenia que ser de esta manera... tu prometistes estar juntos para siempre y luego envejecer... tambien prometistes contestar todas mis preguntas mientras yo descifraría tus respuestas con sumo entendimiento... aun no hemos envejecido y te has marchado.

Como llenar este espacio vacio que hoy dejastes al marcharte... como poder retener todo... todo lo que me has dado sin tener el tiempo necesario y suficiente... Como sobre vivir en mi propio egoísmo sin temor a la muerte.

Mi amor no hubiese sido de tal manera... prometistes estar a mi lado y juntos envejecer... en ti puse mis espreranzas al decir que tu contestarias mis preguntas y descifrarias con exactitud el rumbo que deberiamos tomar... hoy aun caminamos juntos...juntos si pero bien enegados

Gracias a ti Señor por este maravilloso regalo, llegastes a mis brazos una mañana como una tierna flor recien cortada de uno de aquellos jardines exóticos, aun desconocidos por aquel rincón del mundo, visitado sin frecuencia por los enfoques de camaras extranjeras.

Al despertar y penetrarse el sol por mi ventana, aquella mañana harmoniosa de primavera, lo primero que sentí, fue la aroma de tu sonrisa hijita querida. Y es en ese entonces donde aprendi a amar.

Desde los cielos, cual fuese que recibiera la inspiracion de poder redactar y quise seguir tus pasos pero me encontre rendido... cansado, pero gracias por tu amor hijito querido... gracias porque en ese entonces me enseñastres como hombre a caminar. Mas hoy te digo, que nunca olvidare decirte cuan respeto semejante llevo hoy dentro del alma por la vida... y a pesar de las llovisnantes nubes, aun mojadas por los llantos de amor eterno... descubri el sensual vuelo, cual perfume proveniente que hungen tus alas de mariposa de campo, que dia tras dia, mes, tras mes y año tras año, enciende aquel brillante sol embelezado por tu suma belleza nautica inspiradas de amor... gracias por el amor de mis hijos... gracias Señor por el naufragio obsequiado como obstaculo tras las turbulentas olas en mi vida maritima.

Gracias por el sufrir... porque fue en la trayectoria de la dicha del sufrir, que en ese instante y fue que solo en ese entonces tras los golpes del sufrir, cuando en verdad aprendi a amar.

Desde Los Cielos (conversacion con mi madre).

Yo no tengo dinero, mas para ti mama, solo tengo inspiración…
y el don de poderte redactar en este dia mi dedicación,
con un verso en sueño pedir le a las aves que han enprendido vuelo que te canten esta cancion.

Madre, sin tu amor nada hubiese podido lograr… gracias te doy por enseñarme las palabras pronunciar… Gracias por enseñar me a respetar.

Recuerdo que siempre me decias "hijo lindo tu sabes cuanto te quiero, te quiero mas que a nadie en la vida." Te quiero mas cada dia mama y arduamente lucho por sobresalir a minuto pero parare y dire te adoro.

Recuerdas cuando decias en tus oraciones tras le implorabas a Dios "has de ti un hombre de bien en la vida, mi gran tesoro… hijo mio siempre recuerda quien es quien… ama y respeta a tus seres queridos, que tu corazon sentira lo que es el amar aun cuando esta herido." A ti madre, te respetare como alguien sin igual.

Recuerdo cuando me decias… "no vayas por los caminos de la vida olvidando ni maltratando a tus sememjantes… your brothers and sisters, your fellowman." si eres un buen hijo, buen padre un dia seras. "Siempre recuerda que tu madre a ti nunca te fallara y siempre seras el niño lindo porque desde los cielos muy cerquita al lado de Dios mama bendesira."

Felicidades en tu dia mama… deseo que todos tus anhelos se cumplan desde los cielos.
a lo antes pensar a que tan temprana hora me abandonastes… pero hoy entiendo que ya no sufres problema, dolor y pena alguna. Tus hijos infundidos una ves por su inmadurez desde la cuna no volveran a olvidarse que como tu mi bella madre, solo habra una.
Madre sublime y bella siempre seras para mi la unica estrella…
siempre iluminaras mi universo por eso en tu dia te escribo con amor tras el cantar de las aves este corto verso.

Resumen Biografia del Autor

El escritor Sabas Whittaker, nacio y se crió principalmente en Puerto Cortes, Honduras. Cuando niño, vivío en San Pedro Sula, donde curso sus primeros años de studios. El autor es de origen de ascendencia Ingles y Garinagu, su madre de habla Ingles del Gran Cayman y su padre, Garifuna de Punta Gorda, Roatan, Islas de la Bahia, Honduras.

Durante los años de estudios de educacion primaria, estudio en combinacion de Ingles y Español entre las escuclas publicas de Puerto Cortes y tutoria privada, via la iglesia de Puerto Cortes. Lamentablemente, sin poder continuar su secundaria, aun siguiendo la matricula y el registro como estudiante del instituto, Franklin Delano Rousvelt, siendo negadas estas promesas y peticiones estudiantiles para la oficializacion de dicho colegio; dado a la dificultad economica por la cual transcuria el pais despues del hurracan Fifi, la falta de dinero en lo personal para poder continuar sus estudios en Honduras, forsozamente tuvo que aplazar dicha idea y tirarse a navegar como marinero de alta mar.

Mientras la economia Hondureña se marchitaba dia tras dia y la pobreza se expandia por todo el pais, derrocando cualquier oportunidad de obtener la posibilidad de estudiar; al cumplir apenas sus 15 años de edad, se le presento la oportunidad de salir del pais como marinero y fue cuando se enlisto y comenzó su carrera como marino mercante a bordo del remolcador de bandera Norte Americana, USS Atlas. Aprovechando todas las oportunidades presentadas de estudios maritimos y academicos mientras navegaba, hasta poder obtener su equivalente al bachillerato en ciencias y letras, cual le abriria paso, para asi luego poder ingresar en la universidad. Logrando ascender al rango de oficial, a los 8 años, despues de haber navegado abordo de 16 distintos barcos y retirandose del mar a los 23 años, para continuar sus estudios universitarios en Islas Virgenes, Puerto Rico y Estados Unidos.

El autor previamente ha escrito y publicado varios libros de poesía, e historia y varias obras de teatro, todos de estos en Ingles. Sus primeros siendo Vestiges of a Journey, Tears of Joy Peace and Harmony, Songs to Valentines, Africans In the Americas, Don't Look Down on your Brother if You're Not Going to Pick Him Up. Su mas reciente siendo Faith in the Field, publicado en Mayo, 2018. El autor, Sabas Whittaker tambien es compositor de musica y miembro de la Asociacion de Compositores , Autores y Publicistas Americanos, (ASCAP), desde 1991. Y artista pintor con sus ultima exposicion de arte, escultura y pinturas en las Naciones Unidas en Nueva York para beneficio economico de las mujeres Garinagu de Honduras y resto del Caribe y auspiciado por ODECO en 2006. El autor, Sabas Whittaker, hoy jubilado del Departamento Estatal de Salud Mental, con el Estado de Connecticut, continua desplazandose creativamente, e investigando, estudiando y escribiendo, Canto Al Grito del Emigrante En Voz Latina, es su primer obra escrita y publicada al idioma Español.

Printed in the United States
By Bookmasters